Contactando con lo Divino

Liliana Ruiz

Otros Títulos de Liliana Ruiz

CÓDIGO INTUITIVO: Una Guía Práctica para Desarrollar tu Intuición desde el primer día.

CONTACTANDO CON LO DIVINO: Mp3 Meditaciones Guiadas

DESCUBRIENDO EL SECRETO DEL AMOR: Mp3 Meditaciones Guiadas para Atraer el Amor y Fortalecer Lazos de Amor.

Encuentra otros títulos de su colección en www.LRPublishingHouse.com

Suscríbete a la página de Liliana Ruiz en www.LilianaRuiz.com y www.ContactandoconloDivino.com

Contacto@LilianaRuiz.com

"Contactando con lo Divino"

"Un camino hacia el encuentro con tu espiritualidad, propósito de vida, y el amor"

Liliana Ruiz

Copyright © 2016 Liliana Ruiz Todos los Derechos Reservados.

Ninguna parte de este libro puede se reproducida, editada, adaptada, distribuida o transmitida en ninguna forma incluyendo fotocopia, grabación, o cualquier otro formato electrónico, sin previo permiso por escrito del autor; excepto como referencia y ciertos usos no comerciales permitidos por la Ley de Derechos de Autor.

LR Publishing House

www.LRPublishingHouse.com

Diseño y Concepto Artístico: LR Digital Studio

ISBN-13: 978-0692632703 (LR Publishing House)

ISBN-10: 0692632700

Página de la Autora http://www.LilianaRuiz.com

"Solo el Amor es Real"

Para todos ustedes que están en la búsqueda de la verdad y de un camino con luz, en lugar de oscuridad; deseo compartir con ustedes un poco de mí, de lo que soy y de lo que tengo para ofrecerles, teniendo en mente solo tu bienestar físico, mental y emocional, pero sobre todo espiritual.

Si comprendiéramos que solo el "Amor Es Real" y que con él nada es imposible, y principalmente que es la energía más sublime y poderosa que Dios nos ha brindado a todos; nuestra vida sería aún más sencilla...

Seamos entonces, como las luciérnagas que dan luz en la noche; sembradores de amor, compasión, servicio y paz, a quienes la vida ponga en nuestro camino y descubrirás que "Contactando con lo Divino" es parte de tu propia naturaleza, está dentro de tu propio Ser.

Con gratitud y amor,

Liliana Ruiz

La mejor experiencia de mi vida, es cuando tengo la oportunidad de sentir, la unión que somos todos capaces de generar, y cuando decidimos recordar que…

"Solo el Amor es Real"

Dedicatoria

Este libro está dedicado a Dios, y todos los seres de luz que me han protegido, guiado, fortalecido e inspirado durante toda mi vida. Sin ellos, mi vida no estaría llena de hermosas experiencias que me han ayudado a recordar la verdadera esencia en mí.

Dedico también éste libro a mi amada hija Sophia Vanessa por ser mi inspiración y mi mejor amiga; por mostrarme siempre un gran amor, que me motiva a buscar nuevas formas para ser mejor persona cada día; pero sobre todo le doy gracias a Dios, por permitirme disfrutar de la bendición más grande que he recibido como lo es el ser madre.

Este libro no podría estar escrito sin los valores que aprendí de personas que han marcado mi vida de una u otra manera como mi madre Leticia Guajardo, así como por su amor y ejemplo de lucha para salir adelante venciendo todos los obstáculos en el camino; a mi Padre Gonzalo Ruiz que Dios lo tiene en su gloria; por su sentido del humor y por haberme regalado los últimos años de su vida y la enseñanza de que no importa la edad, siempre podemos superarnos y convertirnos en mejores personas.

No podría dejar a un lado a mis dos abuelas que ya partieron, que han sido pilar importante en mi desarrollo espiritual; mi abuela Alicia Zambrano por sus enseñanzas místicas y cariño pese a la distancia; y a mi abuela paterna Guadalupe Armas por enseñarme a orar con fe, por sus lindas historias que me contaba, pero sobre todo, por ser un ejemplo de humildad y servicio hacia los demás, una gran mujer que siempre dio todo. La vida me ha regalado, la dicha de disfrutar a mis hermanos, familia y amigos que siempre han estado a mi lado y que han depositado su confianza en mí; les digo que los amo profundamente por ser incondicionales, leales y por apoyarme en mis sueños.

He conocido bellas personas que siempre me han enseñado algo positivo, no terminaría de nombrarlas aquí, que han jugado un papel importante; les agradezco enormemente por ello.

Este libro está dedicado a ti lector, que tomaste la iniciativa de adquirir éste libro, porque eso demuestra que estás en la búsqueda, en donde seguramente llegarás a tus propias conclusiones, mismas que confío te permitan disfrutar de una vida más plena en todos sentidos, para que también seas tú una luz en el camino para otros.

Tabla de Contenido

"Solo el Amor es Real"

Dedicatoria

Introducción

Capítulo 1 Mi Búsqueda Personal ... 1
Sueños con Seres de Luz ... 4
¿Por qué Contactando con lo Divino? ... 14

Capítulo 2 La Mente ... 19
Autoconocimiento ... 19
La Observación como Camino al Autodescubrimiento ... 22
Eres un Ser Infinito ... 25
Mente y Pensamientos ... 29
Tomar Conciencia ... 38
Diferencia entre Conciencia y Consciencia ... 40

La Sombra del Ego	42
La Falsa Ilusión de lo que Interpretamos	47
Al Comparar... Perdemos	49
Conocimiento – Sabiduría	51
Viviendo en Congruencia	53
Capítulo 3 Tus Emociones	55
Las Emociones	55
Entendiendo el Poder de las Emociones	60
Cuando nos Preguntamos ¿Por qué a mí?	62
Dolor y Sufrimiento	68
Deseos y Apegos	72
El Mayor Desgaste de Energía y la Resiliencia	74
Perdonar no es tan difícil	77
Recupera tu Poder ante la Adversidad	79
El Poder de la Visualización para Liberación Emocional	82
Visualización de Liberación de Emociones Negativas	84
Autoestima y Autoaceptación	90
Merecimiento	93
10 Formas para Aumentar tu Autoestima	95
Amor de Pareja	101
Un Tributo al Amor	105

El Silencio, Cuando Sobran las Palabras	108
Cómo Ser Más Feliz	111
30 Hábitos Para Ser Más Feliz	114

Capítulo 4 Tu Cuerpo — 121

Tu Cuerpo es el Templo de la Divinidad	121
La Mentira de la Enfermedad	126
¿Energía de Sanación, o Cambio de Visión?	130
Diferencia Sanación Espiritual y Energía de Sanación	136
Tú Eres tu Propio Sanador	138
5 Formas para Equilibrar tu Energía	140
Sanando al Planeta	143

Capítulo 5 Tu Ser Espiritual — 145

¿Quién es Dios-Mente Universal?	145
Lo que dice la Ciencia y la Religión de Dios	150
Reflexiones sobre Dios	154
Diferencias entre el Espíritu, Alma y Ego	158
Espiritualidad y Religión	162
Una Fuerte Experiencia	164
Despertar del Sueño de la Religión	167

¿Qué es la Verdad?	168
Dios y la Verdad	169
El Verdadero Pecado Original	171
Orar, Rezar y Meditar	173
¿Arcángeles y Ángeles entre Nosotros?	177
¿Cuántos tipos de Ángeles hay?	182
A mi Ángel Guardián	184
Tenemos todos un Ángel Guardián	185
¿Cómo Podemos Comunicarnos con los Ángeles?	187
Busca el Equilibrio Mental, Emocional y Físico	194
Guión de Meditación Guiada para Conocer a tu Ángel	195
Comunicarnos a través de los Sentidos Intuitivos	202
Código Intuitivo	209
Mis Experiencias con Seres de Luz	212
Maestros Ascendidos	221
Espíritus Guías	223
¿Cómo Distinguir cuando el Mensaje es Real?	226
Elevando y Expandiendo Tu Vibración	228
Protección Espiritual	231
Falsos Guías y Profetas	235
Sanación Angelical	238

Capítulo 6 Percepción y Realidad — 241

Las Dimensiones — 241

Pasado, Presente y Futuro — 244

Transcripciones — 249

Sobre la Inmortalidad — 252

Sobre el Amor de Dios — 256

De la Paz — 258

La Paz Interior como Camino — 259

Si Tu Último Día Estuviera Cerca ¿Cómo Vivirías? — 264

Capítulo 7 Misión y Propósito

Co-Creando con la Divinidad — 267

Todos Somos Instrumentos de la Divinidad — 268

¿Sabes Cuál es Tu Misión y Propósito en la Vida? — 272

¿Qué te Impide Alcanzar tus Sueños? — 276

Tus Alas — 281

Perfección y Expectativas — 282

Sincronicidad — 284

Reescribiendo Tu Destino — 286

Destino o Creadores de Nuestra Realidad — 289

Cocreando con la Divinidad	292
Planeta Dorado	295
El Retorno a la Divinidad	297
Gracias	299
Sobre la Autora	300
Otros Títulos para Tu Colección	302
Próximos Títulos	306

Introducción

Desde temprana edad, descubrí que tenía una sensibilidad para el mundo espiritual, así como presentir acontecimientos y recibir mensajes de mi espíritu guía y ángel. Con el tiempo, me percaté, que algunos de los integrantes de mi familia habían tenido experiencias similares a las mías, pero por alguna razón no hablaban del tema. Sin embargo, lo más interesante es que actualmente, hemos podido compartir entre nosotros algunas de nuestras experiencias, mismas que nos dan oportunidad de convivir entre nosotros.

Nada en esta vida es por casualidad, inclusive las personas que son parte de ella; familiares, amigos, parejas y hasta los que en ocasiones creemos enemigos. Cada uno de ellos, viene a enseñarnos y recordarnos el propósito del porqué y para qué estamos aquí en la tierra encarnados.

Considero que todos somos alumnos y maestros a la misma vez; tal es el caso de mis dos abuelas, de quienes aprendí mucho, pero de quienes guardo un hermoso recuerdo.

Ambas tenían una forma única de brindarme su amor. Por un lado mi abuela materna, a quien conocí cuando tenía alrededor de trece años, era más mística. De ella aprendí inicialmente, a interpretar los símbolos escondidos en los oráculos, tanto las ventajas como desventajas de usarlos, así como estudios místicos y sanación ancestral.

Por otro lado, mi abuela paterna, era una mujer muy devota quien me sugería que rezara todos los días el Rosario. Aprendí de ella, el poder de la oración, el servicio amoroso hacia los demás, y su enorme paciencia me daba a ver que todo tenía siempre una razón de ser, y que con el tiempo entendería.

Ambas eran excelentes cocineras, tenían un sazón único, y me enseñaron sin proponérselo, que el mejor sazón, es el que brinda el cocinar con amor.

Solo de escribir esto, vienen a mi mente todos los deliciosos olores y sabores de los platillos que tuve la fortuna de degustar, gracias a ese talento de ambas de guisar con tanto amor. Extraño profundamente, su compañía y cariño que, espero un día llegar a ser una abuelita como ellas; amorosa, consentidora y llena de anécdotas para compartir con mis nietos y sobrinos.

Algo que jamás olvidaré, es el talento especial de mi abuela paterna. Tenía una facilidad de relatarme con detalle, historias de cuando vivía en el rancho. Me siento afortunada que compartiera conmigo, algunas de las experiencias intuitivas que tuvo, y que al parecer no se animaba a compartir con otras personas, debido a un natural temor al "qué dirán".

Estas experiencias, iban desde las más cotidianas, a las más misteriosas y llenas de suspenso. Mi abuela, tuvo experiencias de percibir por medio de clarividencia, a seres que no eran de este plano físico, y tenía la intuición de sentir cuando algo no marchaba bien.

Su memoria era impresionante, podía recordar fechas exactas de diversos eventos, fechas de nacimiento de sus nietos, así como cada una de las experiencias que, marcaron su vida, las recordaba con total claridad.

A mis dos abuelas, junto con mi padre Gonzalo, que seguramente, se encuentran en un plano más evolucionado, les recuerdo con todo mi amor y les doy gracias, por todo lo que de ellos aprendí; les agradezco de antemano que me cuidan y guían constantemente.

Este libro, lo inicié en el año 2009 y por miedos e inseguridades, no me había atrevido a terminarlo. Pensaba, "Liliana, con todos los bellos libros que ya han sido escritos, ¿cómo piensas escribir uno?, ¿qué nuevo vas a aportar, si ya todo está dicho?".

Entonces, dejaba a un lado mi computadora, y me enfocaba en algo diferente, aunque en mi corazón, vivía la ilusión de compartir mis experiencias, sin la intención de enseñarle nada a nadie, tan solo compartir mi historia, aquella que, sigue escribiéndose día a día, y en la que "todo puede pasar".

Hoy, por medio de este libro, estoy frente a ti, con mi corazón abierto, sin esperar nada que no sea tan solo expresar lo que hasta el día de hoy ha sido mi camino hacia el encuentro con mi espiritualidad, misión, propósito y el amor.

Si de este libro, hay algo que puede ser una contribución a tu vida, entonces, habré sido como un granito de arena en tu caminar hacia el auto descubrimiento. Cada día, es como una página en blanco en la que escribes un guion. Según tus creencias sobre lo que es posible experimentar y crear, es la oportunidad que le das a tu verdadero ser que guíe cada uno de tus pasos hacia la plenitud.

Cada uno de nosotros, tenemos la capacidad de acceder, a toda aquella información que deseamos. Si bien es cierto que, algunos tienen más desarrollada esta habilidad, con práctica y confianza en ti mismo, descubrirás tu potencial divino.

En ocasiones, las creencias religiosas, pueden ser un freno, ya que algunas personas creen que esto es algo negativo, pero no es así.

Lo importante, es documentarse y leer con una mente abierta y descubrir por ustedes mismos lo que vaya de acuerdo, con su filosofía de vida, mas no la filosofía o creencia que otros les impongan.

Considero de suma importancia, analizar las cosas desde el punto de vista tanto religioso, científico y espiritual; para entonces, tener una visión más clara y abierta al respecto. Mi punto de vista es que, más que llegar a conclusiones, simplemente busquemos vivir la experiencia, libres de ser y expresar quien en verdad somos.

Encontrar un balance, y no irnos de un extremo al otro, considero que, es la posición ideal. Si tus intenciones y acciones no perjudican a otros o a ti mismo, entonces no tienes nada que temer.

Cada capítulo de este libro, será una referencia con información y ejercicios de utilidad, para que te facilite, vivir tu experiencia de Contactar con lo Divino. Compartiré contigo, algunas de mis vivencias y la forma en la que he podido enfrentar y superar difíciles pruebas y retos en mi camino.

No desistas en tu afán por encontrar respuestas, simplemente fluye con la vida, permitiendo que ella te muestre su grandeza, y la oportunidad de ser tu mismo, el escritor de tu propia historia y a la vez, el personaje principal.

Capítulo 1

Mi Búsqueda Personal

Es complicado en ocasiones emprender la búsqueda sin tener las herramientas básicas que nos ayuden a aligerar el camino al autodescubrimiento.

Recordando como empezó todo

Mi búsqueda, inició desde mi niñez cuando me hacía todo tipo de preguntas que otros niños de mi edad parecía no se cuestionaban. ¿Cómo le explicas a una niña que parte de lo que ella experimentaba no era del todo común, y a la vez no significaba que era un problema de personalidad, esquizofrenia o posesión?

Vivía en mi propia burbuja color de rosa, dentro de la cual me sentía segura y llena de paz, pese a que tenía motivos de tristeza causados por situaciones familiares, –que no siempre se manejaban en los mejores términos–, aún así, mi corazón estaba lleno de esperanza y disfrutaba mucho de escribir mis pensamientos e imaginarme mi mundo ideal.

No hay nada más doloroso para un niño, que la separación de sus padres y, no obstante, a ambos los pude disfrutar juntos hasta llegados mis quince años; aún así, sentí que mi mundo se derrumbaba. Recuerdo que, cuanto tenía diez años de edad, un día le dije a mi madre:

"Mami, si no somos felices, ¿por qué no te divorcias?" —le pregunté en tono ingenuo.

"¿Cómo crees? ¡Imagina qué pensarán los demás de mí, por ser una mujer divorciada!" –contestó, en tono de sorpresa y susto a la vez.

"Bueno, pero los demás no te mantienen, ni conocen tu corazón entonces, ¿por qué te preocupa tanto lo que piensen de ti?" —insistí.

"Lily, mejor vete a jugar, tú no sabes nada de las cosas de los adultos" —Me contestó algo inquieta.

"Bueno, yo solo quiero verte feliz", —enfaticé y seguí en lo mío.

Efectivamente, no entendía "las cosas de los adultos", en donde, la aceptación de los demás, fuera tan importante. Podía intuir que pese a todo, mi madre amaba profundamente a mi papá y, en su corazón estaba el deseo de conservar una familia, la familia que nunca tuvo en su niñez.

Mi madre, siempre fue una mujer que dio todo por el bienestar de sus hijos; dedicaba mucho de su tiempo, en ser la mejor madre que en ése entonces podía ser; llena de trabajo y deseos por darnos más de lo que en su niñez pudo disfrutar y, compensar así, algunos momentos en que mi padre estaba ausente.

Mi amor por mi padre fue siempre muy especial. Recuerdo que me encantaba bailarle, cantarle y declamarle; ambos teníamos una complicidad única, ya que además nos gustaban las mismas cosas, comidas y antojos; muy a su manera me hacía sentir su amor y ternura. Mis hermanos, cada uno con sus propias inquietudes y actividades, y en su proceso de madurar, han dejado en mí todo tipo de enseñanzas y recuerdos.

En ocasiones me sentía sola, en un hogar en donde después de todo no siempre era grato para mí ser la única mujer y, a la vez la más pequeña. Yo me imaginaba que la familia debería de ser numerosa y añoraba tener otro hermanito a quien cuidar y darle todo mi amor. Después, entendí que no se trata de cuántos hermanos tienes, sino que tanto los amas y disfrutas.

Sueños y Experiencias con Seres de Luz

"El mayor de los sueños, es que seguimos dormidos, creyendo que hemos despertado".

Quizás por el hecho de ser la más pequeña y con una personalidad alegre, bromista y muy juguetona; no tomaban muy en serio mis experiencias. Cuando les compartía mis sueños y pesadillas —que después se hacían realidad—, al igual que mis experiencias en donde visitaba hermosos y mágicos lugares, llenos de vívidos colores, aromas y sensaciones que no experimentaba en éste plano físico; como era de esperarse, esto provocaba que me etiquetaran como una niña fantasiosa y con "demasiada imaginación".

¿Imaginación? ¡Si como no! Cometí el error por un tiempo, de compartirles sobre lo que veía en mi mente, –símbolos e imágenes en movimiento, parecidas a una película–, mientras me encontraba en estado de vigilia. De igual manera, compartí mis sueños, justo después de que sucedieran los eventos y no antes.

Esto no me ayudaba, debido a que yo misma, les daba los motivos para que no me creyeran; así que, cambié mi estrategia, y empecé a describirles lo que veía, sentía y soñaba antes de que sucedieran las cosas; y así, poco a poco empezaron a creer que por alguna extraña razón, podía adelantarme a los acontecimientos y de ésta manera, emprendí mi búsqueda, para tratar de entender el porqué y para qué de éstas experiencias.

Desde mi niñez, me gustaba hacer oración. Cada noche, rezaba las plegarias que nos enseñaban en la iglesia católica, sin dejar de lado, el pedir protección y todo tipo de bendiciones, para mi familia, amistades, niños sin hogar y personas enfermas.

Como podrás imaginarte, hacerlo me tomaba muchísimo tiempo y, en ocasiones, me quedaba dormida sin haber terminado mi oración para todas las personas. Por lo tanto, si me despertaba a media noche, continuaba con mis oraciones hasta que terminar. Nunca fue una pérdida de tiempo o un sacrificio; simplemente, era algo que hacía con amor.

Recuerdo que, cada noche era para mí la oportunidad de visitar mundos fascinantes, en los cuales podía ver ángeles y, conocer otros seres de Luz que después entendí eran espíritus guías; quienes más adelante en mi vida, llegarían a formar un pilar importante en mi búsqueda y así recordar mi misión y propósito de vida.

Mientras dormía, en repetidas ocasiones, mis visitas nocturnas, incluían visitar otros mundos. Podía ver algunos *seres* similares, y otros muy distintos en su apariencia a nosotros. Sobre este tema, hablaré en un momento, y compartiré por primera vez, algunos de sus mensajes.

Haré referencia, de lo que escribí en mi libro *Código Intuitivo*; sobre el hecho de que la ciencia explica que, una tercera parte del tiempo nos la pasamos dormidos. Mientras dormimos, nuestra mente conciente, descansa de forma temporal, y así el subconsciente puede manifestarse a través de nuestros sueños. La palabra sueño, viene del latín *Somnus*, que refiere al acto de dormir.

Sobre el tema de los sueños, se han escrito muchos libros. Hacer una debida investigación, nos llevaría a publicar varios volúmenes de libros, ya que va en aumento los testimonios de personas que experimentan situaciones poco comunes al respecto. Aún así, cada persona, le dará un significado de acuerdo a sus creencias, experiencia y sabiduría interna.

Especialistas en el tema coinciden, en el hecho de que mientras dormimos, nuestro cerebro vibra a diferentes velocidades. Se han encontrado diferentes fases o ciclos del sueño, que a continuación mencionaré, partiendo de la base, que al dormir, experimentamos dos estados que son REM y No REM.

En el estado REM, —conocido por un movimiento rápido de los párpados—, es el estado en el que soñamos; y el No REM se diferencia por una ausencia de movimiento muscular de los ojos, y es cuando nos encontramos profundamente dormidos. Se cree que aproximadamente el 75% del tiempo, nos hallamos en este estado.

Nivel Beta: Nos encontramos en este nivel, en los momentos en que estamos despiertos, alertas y activos.

Nivel Alfa: Es cuando nos encontramos despiertos, en estado de relajación y con los ojos cerrados.

Nivel Teta: Sucede durante el proceso de dormir, y se presenta también el estado REM del sueño.

Nivel Delta: Nivel al estar completamente dormidos y en el estado No REM.

Por lo que he leído y mi propia experiencia, existen diferentes tipos de sueños. Considerando que quizás existan otras variaciones, haré mención de aquellas que me resultan importantes. Dejando por supuesto a ustedes, llegar a sus propias conclusiones; mejor aún, si se hace con una mentalidad abierta y sin juicios.

Sueños Proféticos

En algún momento de nuestras vidas, hemos recordado por lo menos un sueño que se ha cumplido. Todos tenemos ésa capacidad, y basta con abrirse un poco a ésa posibilidad, para prestar más atención a nuestros sueños.

Para aquellos que les interese el tema y estén dispuestos a llevar un registro de sus experiencias, les sugiero que adquieran un cuaderno que sea exclusivo para escribir sus sueños. Esto les ayudará, para identificar aquellos momentos, en los que tuvieron sueño profético y, comprender así diferentes aspectos de sus vidas.

En lo personal, observo y analizo mis sueños, sin que por ello se convierta en una obsesión. Confío aún más en mi intuición, y he optado por seguir desarrollado el discernimiento.

Es interesante, como mediante símbolos e imágenes durante el sueño, se conocen con antelación, posibles eventos sobre un futuro cercano o lejano. En el antiguo testamento de la Biblia, se menciona a José, Samuel, Daniel, Isaías y Jeremías; y es justamente que, a través del sueño, se crea un canal de comunicación entre Dios y el hombre, donde la intuición, es una especie de "portavoz" de mensajes proféticos o doctrinales.

A manera de referencia, en el Antiguo Testamento está escrito un versículo que pone en boca de Dios estas recomendaciones:

"Escuchad mis palabras: Si hay un profeta entre vosotros, Yo el Señor, me daré a conocer a él en una visión. Le hablaré en un sueño".

Por otro lado, entre los años 30 y 50, el norteamericano Edgar Cayce, era capaz durante el sueño, de crear recetas médicas. Se llegaron a sumar, alrededor de 75,000 recetas, que curaban a enfermos de diferentes padecimientos; —toda esta información es accesible por medio de sus libros—.

Sueños de Liberación

En este caso, los sueños parecen no tener un sentido, dado que las imágenes parecen no llevar una secuencia o lógica; sin embargo, pero para la mente consciente, es una oportunidad de liberar aquellas situaciones que no hemos resuelto o que ocupan nuestra atención.

Sueños de Anhelos o Temores

¿Alguna vez te ha sucedido, que tienes un sueño que al despertar no sabes cómo interpretar? Estos sueños de anhelos o temores, reflejan situaciones en las cuales deseamos obtener algo; tal es el caso de un ascenso, una pareja, riqueza etc. Lo opuesto sucede al soñar que caemos al vacío, correr sin poder avanzar, la perdida de un ser querido, por citar tan solo unos ejemplos. En ambos casos, bien vale la pena tomarse el tiempo de reflexionar al respecto y hacer los cambios necesarios.

Sueños para obtener Información y Resolver Problemas

¿Cuántas veces, les ha sucedido que, antes de dormir, piensan una situación que aparentemente no tenía solución, y al despertar, tienen la certeza de haber obtenido la respuesta? Te sugiero que antes de dormir, escribas en una hoja una pregunta sobre una inquietud que tengas ante un aparente problema. Al despertar, te sorprenderá la información que recibiste y que podrás usarla en tu beneficio. Este sencillo ejercicio, lo puedes utilizar para resolver situaciones en todas las áreas de tu vida.

He escrito en mi librera de ejercicios, todo lo que he recordado sobre mis sueños y viajes astrales. Un viaje astral, se lleva a cabo por medio del desprendimiento conciente o inconsciente de tu cuerpo astral, libre de viajar hacia lugares, en donde no existe el tiempo y el espacio.

Los viajes astrales, brindan la oportunidad, de tener experiencias hermosas y de gran aprendizaje. No hay nada que temer, así que permite que tu *ser* se mueva con libertad. Sucede con frecuencia que, durante estos viajes astrales, tenemos encuentros con nuestros seres queridos que ya partieron, viajes a otros lugares de la tierra, a otras dimensiones y, porqué no, hasta otros universos . Ten presente, que para el espíritu el tiempo y el espacio no existe, y además, no se rige por la leyes limitantes de nuestro cuerpo físico. Por lo regular, todos los días hacemos estos viajes, solo que no siempre los recordamos.

Si bien es cierto que no todos los sueños son viajes astrales, ni todos los viajes astrales son sueños; una forma de distinguirlos es lo vívidos y reales que pueden ser, así como la enseñanza y paz que nos pueden brindar.

※

Poco a poco, fui entendiendo la diferencia entre sueños y viajes astrales. Aún y con el pasar de los años, puedo recordar con claridad muchos de estos viajes astrales, sobre todo, aquellos en los que han estado presentes los ángeles, arcángeles, maestros ascendidos, espíritus guías, y otros seres de origen distinto.

Estas bellas experiencias, ya sea por medio de mis sueños, viajes astrales y –aquellas que con el tiempo se convirtieron en visiones–, me han permitido comprender parte de mi propósito y a darle un mayor sentido a mi vida. Cada una de ellas, han estado acompañadas de grandes enseñanzas, mismas que han sido de gran ayuda para enfrentar aquellos momentos de prueba. Y créeme que cuando digo a prueba, me refiero al inmenso dolor y sufrimiento que me ocasionaron. Cuando permites que éstos *seres* de Luz te guíen, protejan e inspiren; te das cuenta que, por muy difícil que sea la experiencia, viene acompañada de la oportunidad de crecer espiritualmente y lo que es mejor, ayudar y servir a otros que al igual que tú, atraviesan por un camino, que no siempre es ancho ni rodeado de flores.

Una cosa es la teoría y otra la práctica. Justamente ésta última, es la que te brinda la oportunidad, de pasar las pruebas y seguir adelante, con todo el amor y sabiduría adquirida por la experiencia.

En mis sed por respuestas y conocimiento; me hice de nuevos y entretenidos amigos. En mis momentos de soledad e incomprensión por parte de quienes me rodeaban; los libros además de compañía, representaban una fuente de entendimiento. Conforme leía, me sorprendió descubrir que otros autores en los temas de experiencias paranormales, espiritualidad, interpretación de sueños, filosofía e inclusive en la propia Biblia; comparten haber vivido situaciones, como las que yo estaba percibiendo. Lo que hacía más interesante mi lectura, era el hecho de que había una gran similitud en la manera en que los autores, a través de sus sentidos intuitivos, iban decodificando la información.

El proceso, por momentos llegó a ser largo y doloroso, ya que no todos los libros son positivos. Me refiero, a que algunos autores en su afán de convertirse en famosos y reconocidos, manejan verdades a medias; y en otros casos el contenido e información, lejos de ayudar a vivir un proceso adecuado del despertar de la consciencia, provocan gran confusión. Con el tiempo pude percatarme que, algunos de ellos no reflejaban en su vida, lo que tanto pretendían aparentar.

Por otro lado, algunos textos me hacían sentir culpable y lejos de Dios, por el hecho de poder "ver más allá" de lo físico y de percibir otras realidades. Después de todo, ¿qué es real?, ¿qué es la verdad?, ¿qué es bueno o malo?, ¿con respecto a qué lo medimos?

Alguno de ustedes, ¿se ha sentido culpable por tener capacidades, talentos o habilidades diferentes? ¿saben por casualidad lo incómodo que es crecer creyendo que ofendes a Dios?

Me tomó años, el poder liberarme de mis culpas y aceptar que las personas en ocasiones juzgan por temor o ignorancia. En mi opinión, la ignorancia es el mayor de los enemigos, y es a justamente a través de la ignorancia, que podríamos llegar a hacer algo que no esté en armonía con la voluntad de Dios.

Me causaba un sentimiento de frustración cuando alguien me decía: "Lily, si haces esto o aquello, Dios te va a castigar…" mi primer pensamiento era de que Dios no castigaba, y que no era el anciano que se encontraba sentado en un trono de poder, pendiente de cada falta, error o aparente pecado nuestro; acumulando así, una enorme lista que al final de nuestros días, serviría para ser juzgados y llevados ya sea al cielo o al infierno. Una falsa ilusión más, sembrada en la mente humana, que nos aleja de nuestra conexión con lo divino.

Entendí, que Dios es más que eso. No existen palabras que describan su grandeza y poder. Nuestra mente está limitada; a Dios no se le puede describir, ni categorizar; Dios simplemente *ES!*

༄

Con el pasar de los años, también comprendí que al llevar una vida en donde cada uno de nosotros, somos similares a una hermosa gota de un inmenso mar, y que por lo mismo, estamos unidos energéticamente a una fuente ilimitada y eterna; no podríamos hacernos daño.

Lo que hacemos a otros, regresa a uno, lo creamos o no. Si observáramos nuestro entorno por unos momentos, y si cada uno se enfocara en tomar decisiones encaminadas al bien común, no habría espacio para guerras, hambrunas, y mucho menos para la tristeza. La tristeza es causada por la falsa creencia de escasez de algún tipo.

Cuando lo que creemos que nos hará felices no llega, nos enojamos, nos frustramos y perdemos la certeza de que Dios nos creó con el poder ilimitado de escribir nuestra propia historia. Una historia, rica en enseñanzas para el despertar de la consciencia, y no una vida vacía, que persiga satisfacer temporalmente al cuerpo y al ego.

Lo que es eterno es el amor, donde hay amor no hay espacio para el sufrimiento, tristeza o soledad. Cada uno de nosotros somos amor, y por ese amor es que existimos, y como resultado, trascenderemos a otros planos superiores con mayor sabiduría y en el que se experimenta la plenitud del ser.

La pregunta sería:

¿Qué vida deseas vivir?

¿Qué estás dispuesto(a) a hacer, para vivir plenamente?

¿Cuándo darás el primer paso?

A veces, buscamos garantías que nos brinden seguridad, y con el tiempo aprendemos que la vida no da garantías. La vida, te proporciona las experiencias en donde tú eliges vivir en paz y gratitud, o eliges sentirte una víctima de las circunstancias, o lo que es peor, de un hechizo mal intencionado de alguien que te tiene envidia.

La única garantía con la que contamos, es que podemos elegir aprender de nuestras experiencias que provocan dolor y tristeza, viviendo así en un constante estado de desesperación y vacío o podemos elegir aprender y seguir adelante con gratitud.

¿Por qué Contactando con lo Divino?

Contactando con lo Divino, nace con la idea de recordar que nunca estamos solos, y que podemos invitar a diferentes Seres de luz, a desarrollar una comunicación llena de sabiduría y amor.

Cuando niña, veía la vida, desde una perspectiva muy diferente a la de muchos de mi edad. Me resultaba normal hacer oración y tener la certeza de que siempre me escuchaban. Me parecía tan sencillo el inclusive hablarles en voz alta e invitar a Dios y estos Seres de luz, a ser parte de todos los asuntos de mi vida, debido a que podía sentir su presencia de múltiples formas.

Llamaba mi atención, observar que algunas personas eran muy infelices, cuando tenían la opción de simplificar su vida con la ayuda de Dios, los arcángeles y ángeles.

Conforme fui creciendo, pude percatarme de que existían los maestros ascendidos, cuando un día llegó a mis manos un libro de que hablaba de ellos. Me quedé fascinada, con la simple idea de imaginar que cada uno de estos maestros, tenía una función muy específica, dentro de la gran jerarquía de seres evolucionados. Su misión no solo era desempeñada desde otras dimensiones, sino aquí mismo en la tierra, en forma humana. De esta forma, pueden ayudarnos a cumplir con el plan divino, que Dios tiene para nosotros.

Para sorpresa mía, tiempo después recibí información sobre los espíritus guías, con quienes hemos elaborado un plan divino, siendo ellos mismos, quienes se cercioran de que se cumpla.

En los siguientes capítulos, podrás leer más sobre cada uno de estos seres de luz que nos acompañan en todo momento, así como comprender la forma en la que trabaja tu mente, y que tiene un impacto positivo o negativo en las emociones y cuerpo. Cada uno de los temas tienen como finalidad el de facilitarte que resurja dentro de ti, el recuerdo de tu verdadera esencia divina.

No podemos continuar como simples espectadores y dejar que nuevas generaciones, hereden un mundo lleno de odio, confusión, miedos y pobreza. Es nuestro deber, ser activadores y co-creadores del mundo que nos corresponde vivir.

※

A pesar de que estudié una carrera, y me sentía realizada profesionalmente; había dentro de mí un vacío que no entendía entonces a qué se debía. Cuando me casé y tuve mi hija, fue otra etapa, en la que a decir verdad disfrutaba, pero de igual forma seguía cuestionándome a mí misma, qué era lo que pasaba dentro de mí, que aún no lograba entender.

El trabajo, la casa, la maternidad y los conflictos de pareja que surgieron inmediatamente; me distrajeron por completo, de mi búsqueda interior. Peor aún, me envolví en una serie de rutinas, que provocaban en mí, sentimientos y confusión mental, llegando a pensar que mi vida pese a lo feliz que era por ser madre, no tenía mucho que ofrecerme; todo era rutina, horarios y labores que cumplir.

Pasaron alrededor de dos años, y empecé a cuestionarme si mi matrimonio había sido mi mejor elección. Comprendí que, tomé una decisión basada en la ilusión del matrimonio y lo que creía era amor, y sin embargo, no teníamos la base principal, y ésa era la espiritualidad que debe de existir en toda unión; aquella que te permita realmente, unirte no solo en cuerpo, sino también en espíritu, con una persona, que será tu compañero, tu amigo, tu inspiración y alguien que te ame y te acepte pese a tus errores.

Fue entonces, que con horror tuve que aceptar, que lo que estaba viviendo era solo una falsa representación de lo que en realidad mi corazón añoraba; me di cuenta, que no teníamos ni la menor relación con el mundo espiritual y que Dios había quedado desde un principio, relegado a un segundo término.

Tuve entonces que encarar una triste verdad, el vacío se había apoderado de mi corazón, hasta el punto de casi olvidar quién era yo realmente. Así que, decidí enfrentar mi realidad y comenzar de nuevo, pero esta ocasión, con mi verdad; una verdad que sabía despertaría polémica entre los miembros de mi familia y de mi entonces esposo.

Así que con todo el dolor de mi corazón y, pese a varios intentos de rescatar la relación, decidí correr la aventura de mi autodescubrimiento, en un tiempo, en donde sabía que mi hija necesitaría a un padre cerca de ella, pero quien a la vez un día me reclamaría el haber vivido un matrimonio por simple apariencia.

Fue entonces, que con toda mi autoestima por los suelos y a la vez un sentido de resurgir de entre las cenizas como lo hace el ave fénix; emprendí un nuevo vuelo, en ésta ocasión, un vuelo, en el que dependía solo de mí, el crear mi propia felicidad, mientras enfrentaba mis propios temores. Sin embargo, había un reto mayor, y ese era, encontrar mi misión y propósito en la vida.

Se dice que, dentro de uno se encuentran todas las respuestas a nuestras preguntas, y yo me preguntaba: pero, ¿y eso cómo se hace? Tuve entonces, que pasar toda una serie de tropiezos, que ahora que volteo hacia atrás, pienso que pudo haber sido más fácil, pero a la vez, de haber sido sencillo, no estaría aquí escribiendo para ti y compartiendo lo más preciado que tengo que ofrecer; mi propia experiencia y el amor que siento por cada persona que me busca con la intención de encontrar una palabra que los oriente a tomar mejores decisiones, y disfrutar de la vida que realmente se merecen.

Este libro, lo he dividido en 7 capítulos, para facilitar su lectura, llevando una secuencia de las áreas o aspectos del Ser, que son importantes trabajar, para llegar así a Contactar con lo Divino.

Un cuerpo enfermo, refleja pensamientos y emociones que no han sido sanadas, por lo tanto, se nos puede dificultar el acceder a niveles de mayor consciencia. ¿Qué hacer entonces? Mi propuesta, es que vayas trabajando cada parte de tu Ser un día a la vez, sin presiones, sin juzgarte o castigarte; simplemente, que cada día sea para ti la oportunidad, de despertar del sueño de la ilusión, hacia tu libertad.

Puedes leer este libro el orden de que prefieras, ya que cada capítulo es independiente, y contiene temas que puedes leer según la necesidad del momento. Comparte con tus seres queridos estos temas, platiquen y crezcan juntos.

Posiblemente, algunos temas te resultan familiares; quizás hasta los domines, sin embargo, podrás encontrar algo que sea de tu agrado para aplicarlo en tu vida diaria. De nada sirve "saber" si no ponemos en práctica lo aprendido. Sería tanto como alimentar la mente, y olvidarnos de alimentar al Ser, por medio de las nuevas experiencias que puedes crear, una vez que elijas aplicarlo en tu vida.

Capítulo 2

La Mente

Autoconocimiento

"El autoconocimiento es la llave a tu libertad"

A lo largo de nuestra existencia, hemos creído que nos conocemos, y sin embargo sentimientos de rencor, sufrimiento, angustia y falta de paz nos han envuelto en algún momento de nuestras vidas.

Acaso, si nos conociéramos realmente, ¿podría existir algo que nos quite la paz?

Cuando he visitado templos, y conocido personas que proyectan una gran paz, algo ha llamado mi atención: y es el hecho de que simplifican su vida de forma magistral. Viven sin apegos a las personas, cosas materiales, o a su cuerpo físico. Es como si su estado de paz lo alcanzaran al estar presentes en cada momento, haciendo solo aquello que corresponde a cada instante.

Tal es el caso como cuando se disponen a comer; hacen uso de todos sus sentidos físicos, percibiendo por ejemplo, el olor de la comida por medio de su sentido del olfato, mientras que saborean sus alimentos con el sentido del gusto, y así sucesivamente.

También he conocido personas que cuando llega el momento de meditar o hacer oración, pareciera como si detuviesen el tiempo, mientras se conectan con planos más elevados de consciencia. Su cuerpo deja de ser lo más importante para entonces, expandirse y experimentar solo paz y quietud.

¿Cuándo fue la última vez que recuerdas haber disfrutado de tus alimentos, de la compañía de alguien o una caminata, sin estar tu mente en otro lugar? En ocasiones, comemos apresurados porque nuestra mente está en aquellos asuntos pendientes que queremos hacer, y no en el momento presente.

Pasan los días, semanas, meses y quizás hasta años, en los que funcionamos en automático; viviendo cada instante perdidos en el mundo de las ilusiones. En mi vida, he podido ser testigo de que, cuando me dejo llevar por lo que creo que es importante, me enfrento a una serie de eventos que me causan inquietud. Sin embargo, cuando recuerdo quién soy en realidad y vivo cada instante más presente, todos mis asuntos fluyen en armonía.

¿Cuál es la diferencia? Bueno, para mí la diferencia radica en recordar que soy un Ser infinito, que es capaz de vivir cada instante en un tiempo sin tiempo, tan solo en el aquí y ahora.

Es justo en ése momento, que surge el desapego y mi aparente necesidad de resultados específicos. Simplemente, todo se desenvuelve de una manera tan natural que en la mayoría de los casos es mejor de lo que hubiese esperado.

En el proceso del auto conocimiento, lo que surge de la mente, son una serie de creencias de lo que se supone que somos. Vemos un cuerpo físico frente al espejo y creemos que somos el cuerpo, recordamos nuestro nombre y nos identificamos con él; o bien, nos identificamos con nuestros sentimientos, emociones, recuerdos, experiencias e historias de los demás, que en ocasiones las hacemos nuestras cuando en realidad no lo son.

"Un día a la vez, una cosa a la vez".

Al poner en práctica el disfrutar de cada momento soltando los pensamientos que se proyectan ya sea al pasado o al futuro, nos estamos regalando el aprender a vivir con mayor plenitud.

La Observación como Camino al Autodescubrimiento

"Ver el mundo sin juzgar al mundo es para mí una tarea diaria para ser feliz. Verme a mí misma más allá de mi cuerpo, es recordar que siempre he sido libre".

Cuando me empezaba a hacer preguntas más allá de lo habitual y superficial, sentía una especie de sed por comprender desde la creación del universo mismo, hasta el propósito de nuestra existencia en este plano y dimensión.

Conforme me involucré visitando diferentes iglesias y templos, me percaté que en la medida que le dedicara tiempo diario a hacer el papel del observador, es decir; observar sin involucrarme en aquello que observaba, ni las historias que conformaban a su vez esas experiencias.

Entonces, descubrí que ser observador sin necesidad de crear juicios, me permitía estar más en el momento presente. Esto a su vez, me brindaba la oportunidad de recibir inspiración, así como una mayor comunión con la Divinidad.

Nos distraemos con mucha facilidad en los asuntos de la vida diaria, que dejamos de lado el beneficio y paz que proporciona el espacio que le corresponde al observador, que eres tu mismo sin emociones, sin pensamientos, solo presente mas no por eso ausente.

Al practicar la observación, se facilita el proceso de liberarse de culpas, apegos y aquello que consideramos una necesidad en nuestras vidas. Sin embargo, la aparente necesidad de controlar los eventos y las personas, restan importancia porque, nada es indispensable para el observador, tan solo el estar presente.

Al experimentar la paz del momento presente, me volví a preguntar: Entonces, ¿Quién Soy?

Mi mente parecía en blanco, mis emociones estaban en quietud, y no pude llegar a ninguna conclusión, de hecho, la importancia que tenía la misma pregunta hecha desde la personalidad, dejó de ser importante. Vino un silencio, un momento suspendido y a la vez tan lleno en sí mismo que las preguntas sobraban.

Entonces, me sentí tan llena de todo lo que me rodeaba que mi único pensamiento fue: "¡Soy todo!" "¡Soy este momento!"

El observador, está alerta tanto a lo que ocurre en su interior como en el exterior, sin caer como mencioné anteriormente en juicios, culpas, castigos, ni apegos.

Me sucedía que cuando experimentaba algún tipo de apego, era como si mi visión se nublara, y los pensamientos de ése momento lo único que provocaban era similar a un efecto en cadena. Cuanto más permitía que afloraran pensamientos negativos, más fuerte era la emoción. En consecuencia, cualquier decisión que tomara con la falsa creencia de tener todo bajo control, vendría a complicarlo aún más. Entonces, me detenía un momento sorprendida de cómo en fracciones de segundo mi cuerpo físico estaba reaccionando.

Así como me llegó a suceder y –conciente de que me puede llegar a suceder de nuevo–, nos encontramos vulnerables a nuestro entorno cuando nos identificamos con el exterior y lo juzgamos.

Quité de mi mente la idea de querer cambiar; después de todo, el cambio ocurre de manera natural cuando practicas la quietud del observador. Desde esa nueva posición, me resultó muy sencillo dejar ir aquellos pensamientos y emociones a las que les había entregado mi poder, al momento de recordar que el poder lo tiene el espíritu que vive en mí y no por la mente que juzga.

¿Qué tomaría para que le dediques por lo menos cinco minutos al día para ser el observador?

Si practicas este simple ejercicio por lo menos por 7 días seguidos, te darás cuenta que poco a poco, dejarás de identificarte con el exterior. Te sucederá que aquello en lo que te afanabas, resulta que ya no tiene poder en ti.

¿Qué es aquello a lo que te resistes observar que si lo observaras, tu vida sería mejor?

Repite esta pregunta tres veces mientras respiras profundamente, y luego quédate quieto. Permite que fluyan ideas o pensamientos, y sin que los rechaces, solo deja que salgan a la superficie y escríbelo.

Por último, repite mentalmente, ¿quién soy? Y de nuevo escribe todo tipo de impresiones que surjan, o si no se presenta algún pensamiento, solo quédate un momento con los ojos cerrados, respira profundo, y disfruta del momento presente.

La observación, no requiere precisamente interpretar, juzgar, categorizar ni llegar a conclusiones; solo permite que el Ser esté en el aquí y ahora.

Me gusta repetir mentalmente mientras me preparo para mi nuevo día lo siguiente, como una manera de tener presente que no soy este cuerpo:

"Yo Soy Amor, Yo Soy Consciencia, Yo Soy Energía, Yo Soy Luz, Yo Soy hijo(a) de Dios"

Eres un Ser Infinito

Una de las falsas creencias que he tenido que dejar atrás, es que somos Seres limitados en donde todo ha sido escrito en un guión sin opción alguna de modificar o mejorar nada; simplemente, todos los eventos que te ocurren debes aceptarlos con resignación.

En mi camino, he tenido momentos de mucha incertidumbre, miedos e inquietudes sobre mi presente y futuro. Conforme pasaban todo tipo de eventos en mi vida, observaba y me cuestionaba, si había algo más que experimentar, en una realidad en donde todo radicaba en trabajar para subsistir en un mundo en donde el materialismo te hace vivir una ilusión. Inclusive pensar que, si en el presente estabas viviendo carencias emocionales, materiales y de salud, nada de eso cambiaría ya que por mandato divino es lo que tenías que vivir.

Una parte de mí se resistía a creer eso, y nuevas preguntas venían a mi mente, algunas parecían no tener respuesta, en cambio otras, me llevaban a nuevas preguntas y más dudas. ¿Qué tal si todo puede ser diferente? ¿acaso un Ser omnipotente me tendría sometida a vivir con resignación?

La ilusión que se tiene sobre que al adquirir títulos, cosas materiales y todo tipo de lujos te define como persona, te aleja de la verdad. El deseo de reconocimiento así como el deseo de pertenecer a un grupo puede ser engañoso, llevándote a tomar decisiones que al final, te darás cuenta de que nada de eso era importante, ni que tampoco te define como persona.

En mi vida, he tenido todo tipo de experiencias y retos en donde se ha puesto a prueba mi fe y mi relación con la fuente Divina. Recuerdo que durante mi infancia, al leer por las noches la Biblia tratando de entender mi lugar y propósito en esta vida; siempre parecía que justo abría la página que tenía el mensaje que necesitaba en ese momento.

Una de mis historias favoritas es la de Job. La historia trata de un fiel sirviente de Dios que pese a las pruebas más difíciles como la muerte de sus seres queridos, pérdida de su riqueza y una salud que se deterioraba cada día más, Job jamás perdió su fe.

En muchas ocasiones, fue tentado por lo que personifican en el relato como Satanás, y Job se mantuvo firme en su fe. La historia termina en que Job recupera todo lo que había perdido y le fue multiplicado porque se mantuvo firme; aún en la adversidad tenía certeza de que todo estaría bien.

Esta historia independientemente de que sea un hecho real o parte de una serie de enseñanzas en forma de simbolismos y arquetipos; me ha dado fortaleza cuando lo he necesitado. Todos vivimos pruebas difíciles, en donde lo que no entendemos en el momento presente, con el paso del tiempo lo entenderemos.

Cuando llegan pruebas difíciles a nuestra vida, es común que nos abandonemos en una serie de sentimientos y emociones que ponen a prueba nuestra fe, no solo en una inteligencia superior, sino que nos desconecta de nuestra verdadero Ser.

Si venimos de una fuente ilimitada de poder, y dentro de nosotros yace la chispa divina; entonces, ¿por qué hemos olvidado quiénes somos?

¿Será acaso que vivimos tan inmersos en una falsa realidad que nos consume al punto que, nos hemos apartado de la verdad?, ¿y qué es la verdad?

Cada uno percibe una realidad y verdad diferente, pero no necesariamente es la verdad del Ser que te invita a recordar que, ¡eres un Ser infinito!

Si cierras tus ojos, respiras profundo y dejas que tu mente se vacíe del constante diálogo interno, e ignoras lo que hay a tu alrededor, y solo continuas respirando; puedes llegar a sentir que eres más que tu entorno, más que tu cuerpo físico, eres más que tus pensamientos, emociones, sentimientos y tu historia personal; eres inclusive más que tu respiración...

Si dejaras tu cuerpo físico, ¿en verdad crees que morirías? Mi percepción por diferentes experiencias en un mundo mas allá de lo físico, me ha mostrado que cuando nos rendimos a la experiencia, y elegimos activar el Ser infinito, todo es posible y ¡jamás moriremos!

Lo que llamamos muerte, es desde mi percepción, un proceso en donde tu cuerpo físico ha dejado de ser el instrumento que requerías para las experiencias que eran parte de tu aprendizaje. Tu Ser infinito, deja su forma física para moverse con mayor libertad en otros planos o dimensiones.

Cuando empiezas a funcionar desde el Ser infinito, puedes ver más allá de lo superficial y material; puedes sentir aún más de lo que estás acostumbrado; es como volverte parte de un todo en donde te expandes a tal punto que no hay inicio, no hay final... ¡Eres amor!

Entonces si eres un Ser infinito, ¿acaso elegirías sentirte miserable? ¿qué podría cambiar en tu vida, si empiezas a elegir conforme a la certeza que eres más de lo que has creído hasta ahora que eres?

Eso no quiere decir, que eventos fuera de tu control y no siempre agradables lleguen a tu vida; todo es parte de tu aprendizaje, sin embargo, puedes elegir cambiar, mejorar y trascender lo que experimentas como dolor, sufrimiento y aparente carencia por comunión y amor. Tu eliges a cada instante, lo creas o no.

No tienes que creer nada de lo que escribo, pero si tan solo te dieras permiso de ser generoso contigo y pides de corazón conectarte a una fuente ilimitada de amor y poder, quizás te sorprenda la respuesta… "Pide y se te Dará"

Un corazón sincero, hablará la verdad que la fuente Divina escuchará y contestará como un susurro dulce a tu oído, ¡solo confía!

Cuando nos identificamos con el Ser finito como si él fuera real, es cuando resulta fácil detectar que es el ego quien nos hace creer que no somos capaces de ser felices, lograr nuestros sueños, vivir en paz y amor. Esos pensamientos que llegan y se alejan constantemente quitándonos la paz cuando lo permitimos; te aseguro que, cuando cambies tu percepción, será más sencillo apoyarte de diferentes herramientas para vivir mejor.

¿Pero, qué son los pensamientos y el ego?

¿Qué es el conciente y subconsciente?

¿Qué es la consciencia?

¿Cómo puedo manifestar al Ser infinito que reside en mí?

Las preguntas te brindan la oportunidad de hacer del autodescubrimiento un hábito. Puedes elegir seguir viviendo desde la simplicidad del ego o bien puedes elegir ir más allá y simplemente regocijarte en una nueva y entretenida aventura que se llama vida consciente.

Mente y Pensamientos

"Tu mente es la puerta que te lleva al cielo o al infierno... tu tienes la llave, solo elige sabiamente cuál deseas que sea tu destino"

Las tres facultades que forman la conciencia humana son la mente, el intelecto y las impresiones. La función de la mente es crear pensamientos, que a su vez se convierten en palabras y acciones.

Las impresiones, son características de la personalidad e influye en la reacción sobre los eventos externos.

Por otro lado, el intelecto es nuestro mejor aliado al momento de que este puede observar los hábitos y patrones que influyen en el ser; de tal manera que los filtra para separar los pensamientos positivos de los negativos.

Nuestros pensamientos surgen de la mente como impulsos creativos y cuando éstos se manifiestan en forma organizada, producen una expresión creativa. La mente cuenta con una estructura para organizar eventos, recuerdos y memorias.

Vamos al pasado o futuro con nuestros pensamientos, y juzgamos lo que experimentamos como bueno o malo, aceptado o rechazado.

El pensamiento siempre está activo, no lo podemos controlar; es algo que ocurre de manera natural. Todos los pensamientos negativos que tenemos al día es difícil controlarlos ya que ocurren de manera tan rápida que cuando queremos controlarlos, resulta ser que ya salió a la superficie. Sin embargo, más que querer controlarlos –lo cual considero crearía más pensamientos negativos–, sería observarlos e identificarlos cuando nuestras emociones nos indican que algo nos incomoda.

Se dice, que "eres lo que piensas", y lo interesante es que la ciencia, ahora apoya la idea de cómo somos responsables en gran medida de lo que experimentamos en nuestro cuerpo, y demás áreas de nuestra vida.

Generamos pensamientos que los podemos dividir en: positivos, negativos, necesarios, o inútiles y cada uno de ellos ejerce una influencia en nuestras vidas.

Nuestro mundo interior, es influenciado por nuestros pensamientos, impresiones y emociones; así como nuestro mundo exterior, compuesto por palabras, acciones, comportamientos y la forma en la que nos relacionamos. Encontrar la forma de equilibrarlos es crucial para vivir con mayor armonía, salud y plenitud.

Es interesante como la ciencia explica que, cada pensamiento provoca una reacción química en el cuerpo, el cerebro es capaz de manejar diversas funciones de forma simultánea, como si fuera el maestro de una gran orquesta musical. Cada una de las reacciones corporales han sido de forma intencional o no intencional provocadas por nuestros pensamientos.

Cuando elegimos enfocarnos en pensamientos negativos, estos pueden llegar a provocar enfermedad, estrés y total desarmonía en diferentes áreas de nuestra vida; entonces quiere decir que, de igual manera, podemos elegir pensamientos positivos para sanarnos, vivir en paz y atraer mejores experiencias.

Algunos neuro científicos mencionan, que cuando enfocas tu atención en algo diferente, se genera una oleada de energía, cambiando y alterando el flujo sanguíneo en distintas áreas del cerebro. Estas serie de actividades del cerebro, se llevan a cabo con el simple hecho de cambiar nuestra atención, pasando de una cosa a otra.

Nuestras palabras y acciones son un claro reflejo de nuestros pensamientos. Los factores externos, como en el caso de lo que escuchamos decir a otros, ambientes de trabajo y familiar; influyen considerablemente en el tipo de pensamientos que generamos. Sin embargo, si les damos el poder al enfocarnos en ellos, lo que generamos son pensamientos negativos, que a su vez provocan una reacción química en el cuerpo, posteriormente una emoción, y una acción motivada por todo lo anterior creando así una experiencia.

El ciclo se repite una y otra vez, sin embargo, la clave es: ¿Qué tanto poder le piensas dar a aquello que juzgas?

El impacto causado, por experiencias del pasado que se encuentran arraigadas en lo profundo de la mente, puede ser un detonador al momento que una situación surge en la vida diaria. En ocasiones, hasta nos puede llegar a sorprender una reacción nuestra, cuando sale a la superficie aquello que creíamos haber sanado, o simplemente desconocíamos su existencia.

Viene a mi mente el recuerdo, de cuando padecí de dolor de espalda a causa de un accidente. Cuando el doctor me preguntó, del 1 al 10, ¿cuál es tu dolor de espalda? Le contesté, ¡9!

Lo que hice entonces, fue enfocar mi atención en cosas que me hicieran reír; de hecho, mi hija en una ocasión pensó que el dolor me hacía reír de nervios, y le comenté que, si yo permitía que el dolor me dominara, entonces provocaría aún más tensión a mi adolorido cuerpo, y no me ayudaría, y mejor me distraía en otras cosas. El hecho de levantarme de una silla o sentarme, cualquier simple movimiento, me provocaba dolor. Lo que hacía entonces, era tratar de comunicarme con mi propio cuerpo para identificar si había alguna emoción atrapada justo en el área de dolor.

Mientras hacía preguntas, siempre de forma intuitiva, recibía no solo información valiosa, sino formas alternativas para sanar y dejar de sentir dolor. Pude identificar que mi accidente no fue un evento aislado o de mala suerte, venía a ser una experiencia que como un espejo me estaba reflejando algo que no estaba viendo en mí y que requería mi atención.

Reconocida la razón de mi padecimiento, y el tipo de pensamientos que influyeron en el acontecimiento fue sorprendente, por la forma y rapidez en que mi recuperación se llevó a cabo sin ingerir medicamentos.

Más adelante, compartiré cómo es que he podido enfrentar retos de salud, que requerían según la medicina alópata, el tomar medicina y hasta cirugía de corazón. Tomé la decisión de usar terapias alternativas por más de veinte años, desde el primer diagnóstico.

Me apasiona el tema de la mente, la neuro ciencia, la epigenética, biología, física y mecánica cuántica; así como el universo y sus leyes porque, todo va de la mano, y aunque estos estudios pudieran parecer "fríos" o solo cuestión del intelecto; he encontrado a lo largo de varios años de investigar por cuenta propia, la importancia que tiene cada uno de ellos en el despertar de la consciencia y contactar con lo divino. No me sorprendería que mi pasión por estos temas me lleven a tomar el día menos pensado, la decisión de estudiar una nueva carrera en cualquiera de estos temas.

En mi sistema de creencias, no hay edad para estudiar y seguir aprendiendo; el cerebro no envejece, todo lo contrario cuanto más estudiemos y aprendamos, es como si alimentáramos a nuestro cerebro. Mi punto de vista es que, el cerebro envejece cuando estamos pasivos y viviendo en el pasado.

El pensamiento pues, es como la semilla que si es de calidad dará buen fruto. De ahí la frase, "lo que siembras cosechas".

La introspección, nos brinda la oportunidad de ser el observador, sin juzgar y reaccionar a las situaciones con emociones negativas. No pierde su energía, y contribuye a mantenerse en un estado espiritual, mental y emocional saludable.

Regalarse unos momentos de silencio, como el caminar en la naturaleza y meditar; trae como beneficio la liberación de pensamientos para así conseguir mayor claridad y concentración en lo que realmente es importante para nuestro progreso y equilibrio personal.

Me gustaría sintetizar a lo que me refiero cuando hablo de las tres mentes. Principalmente, se refiere a la manera en que recibimos y almacenamos la información. La mente es engañosa en muchas ocasiones, y estamos tan acostumbrados a validar lo que nos dice, cuando no es mas que una especie de memoria que te hace funcionar según lo que en ella hay almacenado.

Memorias, creencias, juicios, todo es parte de la mente, sin embargo, no tiene nada que ver con el *Despertar de la Conciencia*. Lo que he podido experimentar en mi vida, es que muchas veces le he dado tanta validez a mis creencias que me he limitado de vivir mi potencial; sin embargo en el momento que tomo consciencia de ello, mi percepción de lo que llamo realidad cambia completamente.

La mente organiza en archivos toda la información que recibe, y depende en gran parte de las experiencias del pasado que la usamos como referencia al momento de tomar decisiones.

El Consciente:

Se localiza en la corteza pre frontal y tiene una actividad de 40 impulsos nerviosos por segundo. Según la ciencia utilizamos solo el 5% en nuestra vida diaria tratando de cumplir nuestros anhelos, sin embargo, creamos nuestra realidad en base a el 95% de información y programas aprendidos desde antes de nacer hasta aproximadamente los primeros 7 años de nuestra vida. Estos programas y hábitos se encuentran almacenados en nuestro subconsciente.

Consciente, es quien tú eres conectado con la Fuente y el Espíritu (es creativa), en el se encuentran tus deseos, sueños y aspiraciones, así como la semilla del pensamiento positivo. Y no siempre está atenta.

Es el estado en el que por lo regular estamos todo el tiempo, menos al dormir.

Es en donde se llevan a cabo y se pueden ver los cambios.

Es la parte que consideramos real, propia, y con la que nos identificamos.

Es el lugar donde se tiene también más conciencia del Yo.

Desde el consciente podemos tomar decisiones influenciadas por las creencias y juicios en base a nuestras experiencias del pasado.

La información en el consciente dura el tiempo de pensarlo o pronunciarlo, después pasa al inconsciente, hasta que lo volvemos a ocupar.

Por lo regular estamos ya sea en el pasado, en el futuro y poco tiempo en el presente y cuando hacemos esto, es que usamos solo el 5% de nuestra capacidad.

El Inconsciente

Si queremos conocernos, tenemos que conocer nuestro Inconsciente. Toda la información acumulada de nuestra historia personal, se encuentra aquí sin fecha u orden de prioridad.

Se cree que si queremos realizar nuestro máximo potencial, debemos de aprender el lenguaje del inconsciente.

Es en donde acumulamos gran información, sabiduría, intuición, capacidades innatas en espera de ser "activadas".

Excelente instrumento a nuestro servicio si le prestamos atención y buscamos momentos de relajación.

Aquí habita también todo lo que hemos reprimido y nuestros miedos.

En el inconsciente, las experiencias permanecen almacenadas junto con el juicio, y la emoción que le dimos en ése momento, y que en ocasiones sale a la superficie.

Para manejar bien el inconsciente, se requiere paciencia, constancia, serenidad, silencio, sin ideas preconcebidas, juicios y falsas expectativas.

El Subconsciente ó Preconsciente

De acuerdo a la ciencia, la realidad que creamos es resultado directo de más del 90% de la información que se encuentra almacenada en el subconsciente desde antes de nacer. La mente subconsciente graba todo. Su mecanismo es de grabación y reproducción. Se encuentran todos tus hábitos, instintos, experiencias, programas adquiridos desde antes de nacer. Tiene

40,000,000 impulsos nerviosos. ¡Es un millón de veces más poderoso que el consciente!

Es una zona intermedia entre el inconsciente y el consciente, pero con uso distinto. Aquí podemos hacer y dejar preguntas, que no somos capaces de responder por medio de la inteligencia; es la "Supra-consciencia, inconsciente colectivo, o biblioteca universal", quien se encarga de darnos ésa información valiosa y verdadera.

El subconsciente, es el espacio ideal para meditación y relajación, porque tenemos parte de la consciencia activa pero a la vez podemos gozar de un estado alfa.

Es el espacio en donde se busca la relación entre causa-efecto; así como en donde se establece un orden cronológico de las cosas, y justificamos ideas.

Supra-Consciente Supra: "Por encima de"

Se considera la parte espiritual del inconsciente.

Espacio donde se lleva a cabo las transformaciones místicas, desarrollo y activación de una mayor consciencia, interiorización, elevación, expansión, iluminación, gozo, renovación, y liberación del Ser.

Para Jung: "Es el patrón psíquico con la capacidad de dirigir de manera magistral la naturaleza racional, emocional, e instintiva de nuestro ego o yo inferior".

Cuando nos quitamos la venda del ego vemos todo con mayor claridad, permitiéndonos vivir con mayor plenitud.

La mente supra-consciente está conectada con la mente consciente. El supra-consciente es a la vez el inconsciente colectivo.

Es la capacidad que tiene el ser humano de conectarse con la sabiduría universal, y está también, estrechamente ligada con la creatividad y la intuición.

Estamos acostumbrados a funcionar desde un nivel muy limitado del Ser, quizás porque traemos "condicionamientos" que se pierden en el tiempo de nuestra experiencia terrenal. Si nos identificamos con lo finito, desde ese lugar, seguiremos creando las mismas historias dramáticas como en un constante circulo vicioso. Sin embargo, al reconocer que somos Seres infinitos, capaces de percibir, desarrollar y crear una realidad diferente a la ilusión con la que nos hemos identificado; entonces, ¡seremos libres!

Tomar Conciencia

Desde un sentido moral, la conciencia es la capacidad de distinguir entre aquello que definimos como bueno o malo. También se utiliza el término para expresar que se ha tenido un conocimiento reflexivo de las cosas.

Ejemplo: Quizás fue su falta de conciencia lo que le hizo cometer aquellos actos desagradables y dañar a otros.

Según las programaciones que hemos adquirido a lo largo de nuestra relación con nuestros ancestros, familia y entorno; lo que sucede en nuestra vida es el espejo que refleja una y otra vez aquello de lo que no siempre estamos concientes y que se muestra en el exterior, como abundancia o carencia, armonía o desarmonía.

Cuando algo no funciona como esperas, entonces es el momento ideal para tomar conciencia sobre qué es aquello que te está bloqueando.

Madurar y tomar conciencia, es dejar de lado nuestra posición de víctimas, y retomar el poder de crear una diferente realidad, en base a nuevos paradigmas; donde la programación sea de prosperidad, salud, éxito, paz y armonía.

Observar hasta identificar la razón de nuestras miserias, es tanto como quitar el candado de tus cadenas que has venido arrastrando desde el pasado, y en cual, en todo momento tuviste la llave para tu liberación, solo que no lo sabías. Tomar responsabilidad de nuestra vida, en tomar conciencia.

Desde una nueva posición de responsabilidad y no de victimismo, cada persona se vuelve una mayor contribución a este mundo, que parece clamar que cada quien devuelva lo que de ella hemos tomado porque nuestros pensamientos y emociones han creado una especie de nube que no permite que todos los que en ella vivimos, salgamos de la falsa ilusión de separación con la Divinidad o Mente Universal.

Al despertar, puedes preguntarte: ¿qué es aquello que requiere que tome conciencia el día de hoy? Conectarte unos minutos con tu sabiduría interior te dará, la pauta para empezar el día con una mejor actitud y con la apertura de que la vida te muestre aquello que es importante para tu progreso no solo a nivel conciencia, sino que observarás el beneficio inmediato en diferentes áreas de tu vida.

Todo inicia con la disposición de tomar acción y las riendas de tu vida. ¿Recuerdas algún momento en tu vida, en donde el tomar conciencia sobre alguna falsa creencia, juicio o hábito destructivo, te ha brindado la posibilidad de cambiar tu vida para bien?

Imagina lo que lograrás, una vez que al despertar hagas la pregunta. Recuerda, las preguntas adecuadas te brindan valiosa información y nuevas posibilidades.

Diferencia entre Conciencia y Consciencia

"La conciencia es la voz del alma; las pasiones, la del cuerpo."

- William Shakespeare

A veces usamos los términos conciencia y consciencia, sobre todo cuando le damos un sentido de conocimiento y percepción sobre algo determinado.

Cuando se utiliza el término "consciencia" es mas bien cuando se refiere al Ser, que reside dentro de cada persona, que tiene la posibilidad de expandirse, de ir más allá de los conceptos limitados del mundo físico y que a su vez se encuentra unido con la Inteligencia Universal o Divinidad. Alcanzar una mayor consciencia es ser libre y no preso de una falsa identidad como lo es el ego.

Por otro lado al usar el término "conciencia", se refiere al conocimiento que se tiene de lo que forma parte nuestro entorno, en donde la información que se recibe es por medio de los cinco órganos del cuerpo físico. La conciencia aplicada a lo moral, se refiere a poder diferenciar entre el bien o el mal, y el proceso de reflexión.

En un mundo en donde la forma en la que cada persona piensa, siente y atrae experiencias a su vida, refleja su nivel de consciencia, creencias, juicios y expectativas; lo que puede ser liberador es dejar de darle tanto poder a la mente y sintonizarse con la mente universal que, no juzga, no tiene juicios y no tiene expectativas de nosotros porque, está muy por encima de las trivialidades de la materia y aquello con lo que nos identificamos y creemos real.

Para los que pensamos de forma distinta sobre estos temas de la consciencia, y que creemos que podemos inclusive, acceder a una mayor información, nos exponemos a los juicios y críticas de el colectivo. Bien vale la pena, estar dispuestos a ir a veces "en contra de la corriente", con la única finalidad de ser fiel a nuestra verdadera naturaleza.

Sin embargo, ¿qué sentido tendría para mi, recibir información intuitiva, si no lo puedo compartir por miedo a los juicios de los demás? ¿No sería tanto como darle demasiada importancia a mi propia historia, cuando lo que realmente importa es la historia que podemos crear desde la unidad?

La Divinidad es la consciencia, y somos parte de ella, lo aceptemos o no. Eventualmente, cada persona llega a sus propias reflexiones y las experiencias, pruebas y retos, son una oportunidad para elevar el nivel de consciencia individual y colectivo. La esencia del Ser, se expresa en el mundo físico a través de la consciencia; si lo que percibes no está en sintonía con lo que deseas percibir, expresar y experimentar, quizás es el momento para ti de tomar conciencia y elevar así, tu nivel de consciencia.

La Sombra del Ego

"Recortas y moldeas tu pelo, pero casi siempre se te olvida moldear al ego"
-Albert Einstein

El ego es quien tú crees que eres, mas no quien realmente eres. Es el engañador que llega a la fiesta sin ser invitado. Percatarse de que llega sin previo aviso e invitación, brinda la oportunidad de estar alertas cuando pretenda quitar la paz que es nuestra herencia por derecho.

Al volvernos más observadores y menos jueces, nos podemos llegar a percatar de cómo diferentes situaciones son un espejo que habla de ti mismo, de tus creencias, áreas que requieren ser sanadas, así como miedos que yacen ocultos y que desconocemos su existencia. ¿Cómo identificarlo? Se manifiesta cuando observas en los demás algo que te molesta y permites que te quite tu paz. Al prestar atención a tus emociones, tienes la oportunidad de tomar conciencia y cambiar la percepción que tienes ya sea de ti mismo, de otros y del entorno.

Somos víctimas de nosotros mismos, haciendo responsables a los demás de nuestras decisiones, argumentando en ocasiones a causas de la mala suerte, y todo tipo de justificaciones; cuando tenemos de frente al espejo maravilloso, que nos brinda la oportunidad de ver y saber de nosotros mismos. Es parte del autodescubrimiento, que si bien es cierto en ocasiones es doloroso, una vez que lo enfrentas te liberas porque descubres que tú mismo eres la solución. De igual manera, mi punto de vista es que, al liberarnos de lo que creemos que es importante lograr, acumular o competir con los demás, dominamos al ego.

Es por esto que, en tu vida debes convertirte en observador primero y con la experiencia adquirida después ser un maestro. La maestría, no es algo que se busca, viene por añadidura al recordar quiénes somos y al poner en práctica aquello que descubres a lo largo de tu existencia. Buscar la maestría de la vida, puede ser una trampa del ego, porque en la aparente necesidad de adquirirla, ¿qué tanto espacio le damos al Ser de avanzar con naturalidad, de la misma forma como lo hace el agua de un río?

Cuanto más queremos cambiar algo o a alguien, refleja que es la mente quien juzga creyendo que al castigar al otro nos liberamos de los demás; y es todo lo contrario. Tu te liberas cuando dejas de juzgar por lo tanto, no hay necesidad de castigo. Sin embargo, en nuestra capacidad de observación, tenemos la posibilidad de elegir aquello que se encuentre en sintonía ó armonía con nosotros.

Otra forma sencilla de descubrir los engaños del ego, se presenta cuando una persona reacciona negativamente hacia alguna crítica. Esto es prueba de que el ego se ha sentido atacado. No conozco a alguna persona que disfrute de constantes críticas, pero al reaccionar como si se nos ha ofendido, le estamos entregando el poder a aquellas personas, en lugar de recordar simplemente que, ellos tienen su punto de vista, que no tiene mayor poder, solo el que uno le dé.

En diferentes enseñanzas mencionan que, cuando aprendemos a ver a los demás como un espejo de lo que no deseamos ver en nosotros mismos, te conviertes en tu mejor maestro. Si al observar, percibes lo que antes no veías con claridad; llega el momento en que dejas de juzgarte o castigarte. Abraza entonces, todos los aspectos que descubres en ti, y continua con tu vida, pero ahora, desde un nuevo nivel de consciencia.

El universo se encarga de mostrarnos una y otra vez lo que no queremos ver y que juzgamos como bueno o malo. El ego, como buen engañador, nos ha hecho creer que es quien gobierna nuestra vida y futuro. Al vivir con la falsa ilusión de separación con nuestro Ser, le hemos dado al ego, el poder, control y facilidad para manipularnos a lo largo de nuestra existencia.

Aunque no se trata de tratar de eliminar el ego, podemos aprender a usarlo a nuestro favor, y así no seguir distraídos en las mentiras y miedos que nos quiere hacer creer. Es un aspecto del Ser finito que cumple su propósito. Sin embargo, ese propósito no tiene nada que ver con nuestra naturaleza divina y de constante expansión.

Cuando nos percatamos de su "juego" es sencillo ignorarlo y enfocar nuestra atención en otras posibilidades que deseamos crear. Si por ejemplo deseas iniciar una carrera y vienen a tu mente todo tipo de justificaciones del por qué no deberías de estudiar, es fácil descubrir que es el ego quien desea manipularte y engañarte.

Te sugiero que en el momento que lleguen a tu mente pensamientos pesimistas y desalentadores, pregunta a tu Ser:

¿Son estos pensamientos reflejo de la verdad?

¿Qué puedo hacer para que sí suceda lo que deseo?

¿Qué debo de aprender, cambiar, modificar o ser, para que se manifieste en mi vida esto_____ que deseo?

~

Por medio de hacerte preguntas, entablas un canal de comunicación con tu intuición, y te desconectas del ego, permitiendo así que lleguen a tu vida soluciones en forma de información, personas y situaciones que te acerquen al cumplimiento de tu deseo.

Me resulta tan interesante cuando estudiosos de la mente como Jung, establecen que la mente inconsciente no reconoce lo que es verdad o mentira. Un ejemplo es cuando compramos las historias de otras personas. Es decir, haces tuyas las historias desde el momento que las escuchas y te identificas con ellas. Entonces el inconsciente lo percibe como si la historia fuese realmente tuya. Repites lo que otros experimentan como realidad, en lugar de que seas tú, quien cree propia realidad.

El ego, alimenta la falsa creencia de que dependemos de los demás para encontrar paz y armonía. Nos pone en una posición de constante separación entre el Yo o Ser, y la Mente Universal o Divinidad.

El ego, cumple un propósito, y cada cual le dará su interpretación. Sin embargo, puedes aprender a domarlo como quien doma a un animal salvaje. Se requiere retomar tu poder, para así, usarlo a tu favor de ser necesario.

Es tu oportunidad de recordar que no estás separado de la Divinidad, y que si escuchas la voz interior, has elegido ser co-creador con Dios de una realidad que es tuya por derecho de consciencia.

Como mencioné en el primer capítulo sobre el ego, el ego nos miente haciéndonos creer que ocupamos la aprobación de los demás, sin embargo, cuando recordamos quiénes en verdad somos, nada de eso es ya importante. ¿Qué voz es la que deseas escuchar?

EJERCICIO

1. Escribe en un papel todas tus creencias sobre el Ser finito y las limitaciones que has experimentado a causa de ello.

2. Escribe a un lado de esas creencias limitantes, aquellas nuevas creencias, que te gustaría sean parte en tu vida de ahora en adelante.

3. Ahora, escribe por lo menos 3 cosas que te gustaría que cambiaran o mejoraran en tu vida.

4. Contesta, ¿qué crees que tu Ser infinito de aconsejaría para lograrlas?

5. ¿Qué nuevos hábitos, acciones y pasos puedes hacer para que suceda?

La Falsa Ilusión de lo que Interpretamos

Cuando el tipo de pensamientos y emociones que lanzamos al universo diariamente, es negativo o pesimista, no te sorprenda que atraigas personas y situaciones que lejos de venir a contribuir a tu vida, parece que mas bien que vienen a complicarla.

Las interpretaciones y conclusiones que hacemos sobre las personas y situaciones, no siempre está bien sustentadas, ya que en muchos casos, no conocemos la "otra" versión de aquello que nos sucede.

Cualquier situación en la que te encuentres, recuerda que es tu interpretación de lo que percibes como realidad, y si eso te hace sentir miserable, toma en cuenta que es tu mente la que eligió el tipo de pensamientos que provocaron cómo te sientes o cómo te has sentido en el pasado.

Por ejemplo, una persona que es despedida de su trabajo aparentemente de forma injustificada, puede haber interpretado su experiencia sintiéndose ella misma, como víctima de las personas que tomaron la decisión de su despido. Sin embargo, no ha considerado que las personas involucradas también tienen una historia que contar, pero como el afectado no tiene conocimiento de ello, le resulta más sencillo pensar de forma negativa, sin darse cuenta que, está creando su propio infierno mental.

¿Qué hacer? La próxima vez que te sientas molesto, triste o con ansiedad; lo mejor que puedes hacer es tomar conciencia y después hacer la siguiente pregunta:

¿Cómo puedo cambiar mis pensamientos para sentirme mejor?

Si no puedo cambiar la situación, ¿qué puedo hacer en este momento, que me ayude a seguir adelante?

De esta forma, uno de los beneficios adicionales es que no solo estás reprogramando tu mente; estás dejando en el pasado un papel de víctima y tomando completo control de cómo reaccionas ante la situación, y lo mejor, abriéndote a nuevas posibilidades.

La vida, nos brinda la oportunidad de crecimiento y expansión, aún cuando creemos que la situación que estamos viviendo es negativa y sin aparente solución.

Al Comparar... Perdemos

A lo largo de nuestra vida, nos hemos acostumbrado a separar la realidad en dos opuestos. Juzgamos las cosas, personas y situaciones como buenas o malas, bonitas o feas.

En lo personal, re-programar mi mente, y aprender a dejar de categorizar todo ya sea de un extremo o del otro, mi vida se simplificó considerablemente. Para una mente analítica que, a la vez experimentaba la intuición, empezar a eliminar el mal hábito de comparar fue todo un reto. A decir verdad, todos los días sigo trabajando en ello, porque cuanto más lo practico, más sencillo me resulta; y así, cada día fluye con mayor armonía.

La mente, siempre va a querer demostrar que aquello que piensas es verdad. Y la forma en que lo hace es por medio de comparaciones.

Nuestra historia personal, así como el entorno, es una influencia de las interpretaciones y comparaciones que hacemos, ¿y cómo no, si las personas que nos rodean hacen exactamente lo mismo?

Si una persona te pregunta: ¿Te gusta la música norteña? Y tu contestas, "¡claro que no!, ¡es horrible!". Si quien te preguntó es fiel seguidor de esa música, ¿qué situación se puede presentar? Quizás ambos entren en una discusión cada quien defendiendo su punto de vista sobre aquello que juzgan como bonito o feo; cuando todo simplemente *es*.

Observar sin juzgar, da espacio a todo sin verse en la necesidad de comparar. Simplemente, te das permiso de estar presente en el momento, por lo tanto, eres más libre.

Una mente que juzga, convierte todo en pequeño y amenazante; por otro lado, el que solo observa, se abre a nuevas posibilidades de experimentar la vida de diferente manera.

Inclusive en las situaciones dolorosas y complejas, podemos encontrar lo bueno ante lo que juzgamos malo; porque cuando vemos nuestra vida observando eventos del pasado que nos situaron en éste momento presente, todo adquiere un nuevo sentido; inclusive pudieras decir: "¡Ahora entiendo, eso fue lo mejor a final de cuentas!".

Una vez que dejes de creer tus propios pensamientos, de comparar y juzgar, se acalla el diálogo interno que nos arrebata la paz.

Si tratas a tus pensamientos como una visita, que llega pero eventualmente se irá, le quitas totalmente el poder de gobernar tu vida. Dejas de crear situaciones que, solo te limitan de disfrutar la vida como mereces.

Una mente tranquila, no siente la necesidad de convencer, encajar, ser aceptado, o proyectar una determinada imagen, porque sus pensamientos no lo gobiernan. Vive más bien, en un estado de curiosidad y asombro de todo lo que conforma la vida, de toda la belleza y enseñanza que dejamos de observar cuando estamos tan ocupados, creyendo como verdaderos los pensamientos que alimentamos con aquello que comparamos.

La mente tranquila, no se queda en el pasado, no se preocupa por el futuro, solo se mantiene en el presente, sin expectativas, solo en el aquí y ahora.

Conocimiento - Sabiduría

"Muchos tienen grandes conocimientos, mas no es garantía de haber obtenido la sabiduría"

¿Qué nos hace pensar que al adquirir conocimiento somos sabios? Con frecuencia, se confunde el hecho de que porque una persona tiene títulos académicos o cultura general, es una persona con sabiduría.

He observado que, algunos en su gran conocimiento intelectual, se pierden entre letras, fórmulas matemáticas y científicas, y se desconectan de lo aparentemente intangible, pero que es quizás más real que lo que pretenden corroborar; como si nuestro bajo porcentaje de capacidad cerebral que utilizamos, fuera a resolver lo que está muy lejano al entendimiento humano.

No quiero decir con esto que, estoy en contra de la ciencia o los títulos académicos, cuando yo misma los tengo y me encanta aprender sobre ciencia y sus descubrimientos. Me refiero más bien, que al unificar el intelecto con la intuición, nos abriremos a nuevas posibilidades. Lo mismo aplica en el caso de la religión y diferentes filosofías de vida. ¿Por qué querer estar solo de un lado de la balanza, cuando la vida misma y el universo, están en constante movimiento y expansión?

He conocido personas que sin poseer títulos, reconocimientos ni nada que es alimento del ego; me han dado hermosas lecciones de vida. Su realidad refleja armonía y paz en la forma en que han simplificado su vida. Sus prioridades no son las cosas del mundo, su prioridad es la unificación con toda la creación.

EJERCICIO

¿A qué le has dado tanta importancia en tu vida, que te ha quitado la paz en tu afán por alcanzarlo?

Aunque quizás tus conocimientos, roles auto impuestos, y necesidad de reconocimiento, no te han permitido tomar otras decisiones que en verdad te harían feliz, ¿qué es aquello que te gustaría elegir el día de hoy?

¿Cómo cambiaría tu vida, si eligieras justamente eso que te hace feliz?

Viviendo en Congruencia

"Que tu semilla sea de calidad, para que su fruto sea reflejo de la verdad y no producto de la ilusión"

Como he mencionado antes, los acontecimientos son un reflejo que nos muestra las creencias que bien pueden manifestarse de forma armoniosa o en desarmonía.

Congruencia es un término que se utiliza comúnmente, para describir cuando nuestras palabras, emociones, acciones, sistema nervioso y hormonal están alineadas, reflejando así armonía. Cuando vivimos en congruencia, estamos alertas, enfocados y a la vez gozamos de una calma interior, con una buena disposición de tomar acción cuando sea necesario.

Algunos de los beneficios de vivir en congruencia son:

- La manera positiva en que nos desenvolvemos en la vida.

- Tomamos mejores decisiones.

- Favorece la buena memoria, y resolución de problemas.

- Nos resulta más sencillo volver a un estado de paz mental y emocional.

- El nivel de energía es óptimo.

- Facilidad de enfocarse en lo que es positivo y de contribución en nuestra vida.

- Mayor creatividad inclusive para resolver situaciones que representan un reto.

- Mayor equilibrio en todas las áreas de nuestra vida.

La lista puede continuar, solo hay que tener presente que el rol de ser observadores de nuestra vida, nos facilita el detectar y modificar aquellos momentos en donde el ego hace su aparición y quiere ponernos la trampa del engaño. Bien dicen: *"Que nuestro hablar sea nuestro caminar",* y si en algún momento caes en la trampa del engañador, perdónate y simplemente sigue adelante. Todos los días es un nuevo comienzo y la oportunidad de continuar experimentando y creciendo; que nada perturbe tu paz.

Capítulo 3

Las Emociones

Las Emociones

Uno de los regalos que la vida nos brinda es la capacidad de experimentar diversas emociones. Según el tipo de emociones, —ya sean positivas o negativas—, nos alejan o acercan de vivir plenamente o destruirnos cuando salen de control.

En el capítulo sobre la mente, me enfoqué en la importancia que tiene nuestro sistema de creencias, así como en la forma en que podemos reconocer el poder ilimitado del Ser, que facilite el crear una vida diferente y mejor. Por medio de un proceso de autodescubrimiento, si lo permitimos, puede convertirse en una hermosa experiencia de vida, teniendo así la oportunidad de tomar conciencia y acceder a una mayor consciencia, que a su vez nos conecte con la fuente divina de la cual somos originarios.

Como terapeuta holística, he tenido la bendición de conocer a muchas personas y aprender de ellos, cuando me comparten sus experiencias, y al momento de aplicar las terapias y diferentes herramientas, que son usadas con el fin de que ellos mismos encuentren sus propias respuestas.

Si hay algo que considero enriquece la experiencia de cualquier profesional de la salud, es que aunque se presenten síntomas similares, cada caso es único.

No me cansaré de repetir que es apasionante todo lo que uno puede observar y aprender sobre la forma en que nuestros pensamientos y emociones tienen un impacto ya sea positivo o negativo en nuestra vida.

Algunas de las preguntas más comunes durante mis sesiones como coach de vida y terapias holísticas, son las siguientes:

¿Qué es aquello que nos hace reaccionar de forma impulsiva?

¿Por qué siento miedo, dolor, angustia o estrés?

¿Por qué nos volvemos presos de nuestra emociones?

¿Puedo ser realmente feliz?

¿Por qué a pesar de tener estabilidad económica no tengo paz?

∽∞∽

La lista podría continuar, sin embargo, llama mi atención que para algunas personas independientemente de haber logrado éxito profesional y económico, su vida experimenta una especie de vacío que los lleva a una depresión de la cual no siempre conocen la salida.

Las emociones son complejas y existen muchos factores que son un detonador al momento de experimentarlas. Las emociones son como las olas del mar; vienen y van y pareciera que ese ciclo de movimiento no termina. En tan solo unos minutos podemos experimentar diversas emociones y es justamente lo que causa en ocasiones confusión.

Por un lado nuestras creencias, entorno y situaciones que nos toman a veces por sorpresa, influyen considerablemente en lo que experimentamos y cómo reaccionamos. Por ejemplo, la alegría que siente una esposa que recibe una palabra de cariño por parte de su esposo, mientras ambos están disfrutando de una fiesta.

Después esta misma persona, ve a lo lejos a la ex pareja de él, que siempre intentó interponerse entre los dos; en ese momento la alegría pasa a enojo o coraje sin avisar ni preparto para el momento. Acto seguido, la esposa voltea a ver con molestia a su pareja y se desata una discusión en medio de un momento inicialmente romántico. Al momento, se acerca un familiar y le da la noticia que chocaron su coche que se encontraba afuera estacionado y que la persona huyó sin dejar rastro; entonces la misma mujer, tiene sentimientos encontrados. Por un lado se siente enojada y por el otro, asustada. Para finalizar, llega su mejor amiga y le dice que ella conoce a quien le chocó su coche y que la ayudará a resolver su problema, entonces de enojo y susto pasa a experimentar esperanza y contento.

En este ejemplo, se muestra como en un momento podemos pasar de una emoción a otra sin pensarlo. También este ejemplo ilustra como nos volvemos presos de nuestras emociones cuando en lugar de tomar conciencia nos identificamos con las experiencias del entorno y lejos de enfocarse en las soluciones, elegimos enfocarnos en el aparente problema.

Las emociones, son energía en movimiento y estas influyen considerablemente en lo que experimentamos en la vida diaria, porque las emociones le dan fuerza a los pensamientos. Por lo tanto, ¿qué es aquello que debemos de considerar para vivir con paz y armonía?

Los científicos han confirmado que las reacciones emocionales se manifiestan en la actividad cerebral antes que los pensamientos.

Es interesante, como con el paso del tiempo y mediante la utilización de instrumentos de mayor precisión, se ha podido demostrar que a un nivel biológico el proceso de experimentar emociones es tanto neuronal como bioquímico; envolviendo a el cerebro, corazón, sistema nervioso, sistema hormonal y órganos sensoriales.

Así que, es una combinación de sensaciones asociadas a pensamientos y reacciones bioquímicas, que van desde agradables a desagradables y viceversa.

Uno de los errores más comunes es que, creemos que no tenemos control de nuestras emociones, sin embargo, es cuestión de recordar que somos nosotros quienes tenemos control de cómo reaccionamos independientemente de la situación.

De la misma forma, creamos nuestra realidad, por el tipo de decisiones que tomamos a cada instante. La diferencia radica en que, algunas decisiones nos alejan o nos acercan hacia donde en verdad deseamos ir. Que tus decisiones reflejen tu visión, para que tu visión sea la certeza, de la realización de tu idea original.

Tipo de Emociones

Las 6 Emociones Básicas según Daniel Goleman

* Felicidad
* Sorpresa
* Tristeza
* Enfado
* Miedo
* Disgusto (se refiere a la incomodidad por algo que produce desagrado como la falta de respeto o decepción).

Mi intención de mencionar las 6 emociones básicas, es que reflexiones sobe la frecuencia con la que experimentas cada una de ellas. Si lo deseas, escribe lo que cada emoción representa para ti, así como cuál de ellas, es una constante en tu diario vivir.

Al hacerlo, tomarás conciencia de aquellas emociones que se pueden mejorar, es decir, llevarlas a un mayor nivel de expansión o bien modificarlas para llevarlas desde lo negativo a lo positivo.

Hago referencia sobre lo "negativo y positivo", como una forma de distinguir entre aquellas emociones que te permiten abrirte a nuevos horizontes. Evito caer en el juicio, solo lo observo y hago los cambios necesarios para crear así, un día armonioso.

Entendiendo el Poder de las Emociones

Seguramente, habrás escuchado o leído sobre el poder de la inteligencia emocional. La ciencia ha hecho interesantes aportaciones durante muchos años, sobre los cambios positivos para quienes practican la inteligencia emocional. Y es que nos permite comprender, manejar y expresar nuestras emociones de forma positiva y saludable, ayudando así a superar obstáculos y construir relaciones fuertes y armoniosas, y lo mejor es que puede aprenderse en cualquier momento.

Al poner en práctica la inteligencia emocional en todos los asuntos de tu vida diaria, puedes reconocer y responder adecuadamente a las reacciones emocionales de otras personas.

La inteligencia emocional es diferente a la inteligencia intelectual en que, no es una garantía poseer inteligencia intelectual para vivir con plenitud. He conocido personas con títulos universitarios y reconocimientos especiales, sin embargo su vida personal está muy lejos de experimentar paz y armonía.

La inteligencia emocional está ligada a la autoestima, empatía, adaptación, consciencia y compasión, por citar algunos ejemplos; siendo entonces, una herramienta elemental para superar retos, pruebas de la vida, duelos emocionales, así como el logro de metas y objetivos.

El vivir con remordimientos causados por impulsos violentos ya sea verbales o físicos, son una prueba de que no siempre se manejan las emociones con inteligencia. No siempre se tiene la oportunidad de remediar el daño, por lo tanto, la inteligencia emocional brinda la oportunidad de prevenir situaciones de desarmonía y conflicto.

Afortunadamente, cada vez son más las personas, con una mayor disposición y apertura sobre éste tema, pero lo más importante es tomar la iniciativa de crear una vida mejor, practicando la inteligencia emocional.

Cuando nos Preguntamos ¿Por Qué a Mí?

Cada día que nos preguntamos, ¿por qué a mí? Nos situamos en una posición vulnerable y en la que no se está tomando ninguna responsabilidad. Desde esta posición, el tipo de respuesta que obtendremos, es una que confirme que somos víctimas de las circunstancias o del destino.

Una pregunta más creativa que invite a tomar conciencia podría ser:

¿Qué es aquello que no estás viendo en tu interior, que la vida pone en el exterior, como un espejo para que refleje lo que requiere de tu atención?

Al momento de hacer la pregunta, quizás tengas que leerla tres veces antes de poder contestarla con toda honestidad. Ser honesto con uno mismo, es un signo de madurez en todos los niveles, ya que muestra una postura abierta a recibir respuestas que requieran un cambio de perspectiva, de hábitos y nuevos comportamientos, y por supuesto estar dispuesto a ello.

Cuando hay resistencia, tú eres la persona más perjudicada, al igual que cuando tomas acción, tu eres el más beneficiado.

Ser fiel a uno mismo por otro lado, es aceptar que te has equivocado sin castigarte; solo aceptas aquello que observaste, para efectos de mejorar y seguir viviendo desde una nueva posición de mayor empoderamiento.

Preguntas como las siguientes son muy comunes tanto en mis sesiones como en mis cursos:

¿Por qué siento que mi vida se muestra sin rumbo o sin sentido?

¿Por qué cuando parece que la felicidad está por fin en mi vida, resulta que todo da un giro inesperado y me siento entonces al borde del precipicio?

¿Por qué me siento solo(a)?

¿Acaso la felicidad no es para mí?

Nuestras creencias sobre quiénes somos, marcan considerablemente nuestras vidas, ya que somos un reflejo de lo que nos han hecho creer que somos, pero también lo que hemos permitido creer que somos.

Bien, permíteme decirte que si en ocasiones te has sentido así, por tu propio bien:

¡Levántate, sacúdete y sigue adelante!

Tu eres un ser humano completo en sí mismo que, no tiene porqué sentirse menos. Si alguien te quiere hacer creer que vales poco, entonces, despreocúpate, ese es problema de la otra persona.

Solo tú, eres responsable de ver en ti el hermoso ser que realmente reside en tu interior.

Eres hijo(a) de Dios perfecto, por lo tanto dentro de ti está esa misma chispa de perfección, que aunque el espejo a veces te quiera engañar, solo cierra los ojos y siente tu belleza salir hacia exterior.

Recuerda, tienes el poder de ser y convertirte ¡en lo que tú quieras!

Es tu derecho crear situaciones y experiencias enriquecedoras, pero a la vez tienes la responsabilidad de medir las consecuencias de tus decisiones.

Quien quiera ver tu belleza perfecto, y quien no... solo déjalo pasar. Quizás esa misma persona, no reconoce su propia belleza; nadie puede ver ni dar lo que no tiene.

Aunque, no creo que usar afirmaciones positivas, sea la única forma de empezar a cambiar tus creencias con respecto a ti mismo y lo que te sucede; son de gran apoyo, cuando se trata de cambiar el tipo de pensamientos negativos que se repiten como una grabadora automática y que parece no parar nunca.

Tener pensamientos sobre aquello que deseamos experimentar es un buen inicio, siempre y cuando lo apoyes con un trabajo diario personal.

EJERCICIO 1

-Toma un espejo y respira profundamente con lo ojos cerrados, y repite las siguientes afirmaciones positivas, todos los días preferentemente; hasta que veas un cambio en tu percepción sobre todas las áreas de tu vida.

- Yo soy amor.
- Yo soy reflejo de mi propia belleza.
- El amor vive dentro y fuera de mí.
- Yo soy un ser completo.
- Yo soy feliz.
- Elijo vivir en paz.

- Reconozco y doy gracias por quien en verdad soy.
- Me amo y acepto profundamente.
- Me perdono y soy libre.

Una vez esto, abre tus ojos y empieza a reconocer que, ¡eres simplemente tú!

Nadie es igual a ti, por lo tanto es una pérdida de tiempo y energía pretender parecerse a alguien más. Busca en tu interior tu propia chispa y belleza; al hacerlo te convencerás que no hay razón para competir, puesto que tú eres especial, eres único(a).

Si sientes que tu vida no tiene sentido o rumbo entonces: ¡Encuéntrale un sentido!

Cuando te preguntes, ¿por qué a mí? Recuerda, ¡es para que aprendas de tus experiencias!

Cuando tengas miedo y te preguntes, ¿por qué me siento solo(a)? Ahora sabes que es porque así lo has permitido, entonces empieza a disfrutar de ti mismo(a) y jamás te volverás a sentir así.

La felicidad no es un estado constante que te garantiza nunca sentir dolor y sufrimiento; cuando te sientas infeliz, retoma tu poder al recordar quién en verdad eres y da gracias a Dios por cada una de sus enseñanzas.

Nada sucede sin un propósito, pero no dejes que tu vida sea en vano. Vive cada una de tus experiencias y ten presente que hoy se crea tu mañana y si quieres que ese mañana sea mejor, empieza por reconocer y contar tus bendiciones.

Analiza con cuidado cómo están las diferentes áreas de tu vida y determina con qué herramientas cuentas para alcanzar tus metas, pero a la vez toma la firme determinación de que aquellas herramientas o talentos y habilidades que necesites desarrollar, busca la forma de obtenerlas.

Empieza por buscar un balance y poco a poco tu vida tendrá un rumbo, y te aseguro que ése rumbo te llevará a disfrutar todo aquello que tú realmente te mereces.

∽

EJERCICIO 2

Escribe en una hoja aquellas situaciones de tu vida que no te agradan, por ejemplo, quizás tu lugar de trabajo.

Escribe las emoción y sentimientos que te provoca la situación.

Contesta:

¿Es verdad esta emoción o sentimiento, o es una respuesta a mi interpretación de la situación?

¿Qué es aquello que no estás viendo en tu interior, que la vida pone en el exterior, como un espejo para que refleje lo que requiere de tu atención?

¿Cómo puedo ver esta situación de forma positiva?

¿Qué cambios puedo hacer en mí, para dejar de resistirme?

La liberación de pensamientos por medio de la escritura, te hará ver la situación de diferente manera, y el contestar las preguntas te beneficia en tomar nuevas decisiones con un sentido de mayor responsabilidad y conciencia.

Si elijes no hacer los ejercicios, no hay problema, es tu decisión; Te sugiero que busques una forma de que tu interpretación sobre aquello que no te agrada, sea una oportunidad de crecimiento y no de estancamiento, sobre algo que puede mejorarse.

Dolor y Sufrimiento

Cuando observo que en el mundo existe la enfermedad, las guerras, muerte, separaciones y todo tipo de experiencias que, por mucho que se diga que todo es parte de una ilusión, no deja de conmoverme. ¿Cómo le explicas a alguien que acaba de tener un accidente y sufre de dolor físico, que todo es una ilusión? ¿Cómo le explicas a una persona que acaba de perder trágicamente a un hijo, que nada es real, que todo es parte de una ilusión? Para quien lo vive, es muy real, y nada de lo que se le diga, disminuirá su dolor. Solo el tiempo brinda resignación y consuelo.

En algunos casos el dolor nos envuelve como una trampa, y se convierte en sufrimiento, lo cual no es lo mismo. Buda dijo: "El dolor es inevitable, el sufrimiento es opcional".

Se dice que el dolor existe porque rechazamos el amor, la paz y el gozo. Sin embargo, cabe mencionar que hay diferentes situaciones en las que por mucho que se desee sentir paz, es tan grande el dolor que resulta difícil.

Cuando por cuestiones de apegos, caprichos y falsas expectativas nos vemos envueltos en situaciones que nos quitan la paz; somos nosotros quienes generamos esas experiencias, sobre todo cuando pasa el tiempo y seguimos estancados en un hoyo sin aparente salida.

Por otro lado, ante una guerra, en la que observas morir a tus seres queridos de forma repentina; el dolor es diferente, no lo provocaste tú, por lo tanto no podemos interpretar de igual forma la experiencia.

Existe un apego a los seres queridos, al fanatismo y creencias que provocan las guerras, así como apego a la tierra por la que pelean.

Eventualmente, la resignación es la etapa en la que pese al dolor, nos rendimos a la experiencia misma, y cada quien según su nivel de consciencia, hará sus interpretaciones. Mientras tanto, el dolor y el sufrimiento parece ser, la constante en este plano físico en el cual vivimos.

En momentos de mi vida, en donde he sentido dolor por el fallecimiento de seres queridos, lo único que me ha ayudado a superarlo, es rendirme a la experiencia. Tratando con todo mi ser de no renegar ante lo que considero una desdicha, y pedirle a la Divinidad que tome mi corazón y lo impregne de amor y paz, transformando mis pensamientos del mundo, en pensamientos de bondad.

Al hacer esto, es sentir que algo superior a mi misma, viene a mi encuentro y me envuelve en una serie de energías que van y vienen alimentándome y llenando mi Ser de una indescriptible paz. Es lo más real que he sentido, después de haber recibido en mis brazos a mi hija Sophia por primera vez.

Me gustaría que te quedaras con este pensamiento: "Todo aquello que te cause dolor y sufrimiento es temporal".

EJERCICIO

Para situaciones que están relacionadas con experiencias de dolor o sufrimiento, puedes hacer este sencillo ejercicio, que tiene como finalidad, aligerar tus días una vez que prestas atención a aquello que sientes.

Escribe en tu diario o bien graba en tu computadora o celular, cuando sientas alguna incomodidad y pregúntate lo siguiente:

1.- ¿Qué es lo que siento en este momento? Evita juzgar lo que sientes, solo observa qué es aquello que es una especie de detonador de tus emociones.

2.- Acepta que estás experimentando una determinada emoción sin resistirla.

3.- En pocas palabras describe la emoción. Por ejemplo, ansiedad, frustración, depresión etc.

4.- Respira profundo y repite:

"Todo es temporal, incluyendo esto que siento"

"Todo es temporal, incluyendo este momento"

5.- Escribe o usa una grabadora, ¿qué es aquello que podrías hacer inmediatamente para elevar la emoción a un estado de felicidad?

6.- A la primera oportunidad, lleva a cabo aquello que contribuirá al cambio, y enfoca tu atención en todo lo que consideres una bendición en tu vida; te sorprenderás por todo aquello que quizás no habías observado y que siempre ha estado ahí.

Cuanto más practiques este sencillo ejercicio, te resultará más fácil incorporarlo en tu forma de manejarte ante todo tipo de situaciones. Lo puedes usar, antes de tomar una decisión en las diferentes áreas de tu vida, como en lo profesional, pareja y relaciones, hogar, dinero y salud.

En este libro podrás encontrar diferentes ejercicios, que son los mismos que he aplicado en mi vida, al igual con mis clientes y pacientes. Los beneficios al hacerlos parte de tu vida, son muchos incluyendo:

- ❖ Mayor serenidad.

- ❖ Disminución de estrés y ansiedad.

- ❖ Mayor claridad para resolver diferentes situaciones.

- ❖ Mejores relaciones, tanto de pareja, familia, amistades, compañeros de trabajo, y lo más importante con ellos mismos.

- ❖ Al identificar su sistema de creencias y el tipo de pensamientos negativos, empiezan a reaccionar de forma más serena y libre de juicios.

- ❖ Incrementa el nivel de energía y se mantienen auto motivados por más tiempo.

- ❖ Paz y armonía en todas las áreas de su vida.

¿Acaso con todos estos beneficios, no vale la pena ponerlos en práctica?

Uno elige hasta cuándo seguir sufriendo. Tú tienes en tus manos el poder de dejar ir aquello que te ha limitado. Solo aplícalo en tu vida, y te darás cuenta que todo cambia, porque, ¡cambiaste tú!

Deseos y Apegos

"El desapego te libera de la falsa ilusión de que necesitas algo o alguien para ser feliz"

Existen deseos y apegos que son destructivos, cuando hacemos de ellos algo vital para nuestra felicidad. Atenta contra nuestra paz interior, porque se olvida que, lo importante no es el deseo en si, sino mantener la paz independientemente de que se cumpla el deseo o no.

Con facilidad se vuelve uno preso de sus apegos y deseos, cuando olvidamos que el cumplimiento de los mismos, no nos define como personas, ni nos hace mejores que los demás.

Hay deseos que son motivo de inspiración y contribución en la vida de uno como en la de las demás personas, ya que se busca un fin común. Lo que marca la diferencia es que este tipo de deseos, si por alguna razón no se materializan, se tiene la certeza que nuevas posibilidades se abren ante nosotros. En este caso, el deseo no crea una falsa expectativa, por lo tanto no hay decepción. Hay flexibilidad al momento de que de la vida revele su propósito y al fluir con lo revelado, nos volvemos parte de ese propósito.

Por la vida, hay que ir caminando sin esperar premios porque, esa es otra trampa en la que se puede caer. Ignorar que en el orden de la vida, nada es casualidad, las acciones motivadas por deseos y apegos inútiles, roban el goce, la armonía y la visión.

¿A quién le has entregado tu poder?

Si te enamoras más de los demás que de la vida misma, ¿qué harás cuando se vayan habiendo cumplido su propósito en tu vida?

Un par de alas, ayudan a un ave a volar libremente, no pueden dos alas llevar a dos aves. Entonces, si aprecias tu libertad, vuela alto con tus dos alas, y deja de querer llevar contigo a personas, deseos y apegos que no permitirán elevar tu vuelo.

No es lo mismo regresar al nido, que ¡jamás haber volado!

EJERCICIO

Contesta con honestidad, las siguientes preguntas:

1. ¿Cuáles de tus deseos te quitan tu paz?
2. ¿Cuáles son los apegos a los que te has resistido soltar?
3. ¿Cuál es la razón, por la que no los has soltado?
4. ¿Cuándo estás dispuesto a dar el primer paso para soltar tus apegos?

La única diferencia entre vivir con deseos y apegos que no son lo mejor para nosotros, es tomar la firme decisión de dejarlos ir. Un paso a la vez, te llevará con toda seguridad hacia el camino que te brinde mayores satisfacciones y realización personal.

El Mayor Desgaste de Energía y la Resiliencia

Una de las razones principales por las cuales perdemos energía y afecta nuestro sistema interno es de carácter emocional como mencionaba anteriormente. Cuando nos sentimos preocupados, bajo estrés, ansiosos, frustrados, impacientes, enojados o con tristeza; el nivel de energía baja considerablemente hasta el punto de enfermar el cuerpo físico cuando se ignoran los síntomas.

Si no resolvimos aquello que nos afectaba, al final del día, queda una sensación de mayor frustración y todo nuestro entorno parece que se encuentra bajo una oscura nube gris.

A quién no le ha sucedido que desde el inicio del día, todo empieza a marchar mal, por ejemplo: se te caen las cosas, se te hace tarde por algún imprevisto, alguien te grita, te rayan el coche, recibes una llamada con una mala noticia, te regaña tu jefe en el trabajo, en fin la lista puede continuar; entonces surge la pregunta, ¿qué haces al respecto?, ¿cómo reaccionas?

La resiliencia es el resultado de la forma en que nos recuperamos y adaptamos a una situación, como estrés, alguna tragedia, trauma o adversidad. Cuando practicamos la resiliencia, no solo te recuperas con mayor rapidez, sino que te permite neutralizar o evitar futuras experiencias.

Al observar el tipo de pensamientos y emociones que experimentamos, así como el tipo de vibración o energía que lanzamos al universo constantemente, tienes mayor control de tu vida; dejas de sentirte como un barco a la deriva, sin el capitán a cargo y expuesto a lo que la vida te enfrente.

En lo personal, he observado que el dormir, descansar adecuadamente, y tomarme alguna siesta de 15 minutos, me brinda además de claridad mental, mayor serenidad y energía positiva para manejar con mayor serenidad, diferentes situaciones.

Durante mis terapias y sesiones de coaching, una de las razones principales que provocan estrés y ansiedad en las personas, es que, creen que no tiene solución su aparente problema, así como el hecho de que en ése estado, por lo regular todo parece que se complica; se vuelve un efecto dominó en donde al final, la persona cree no tiene escape.

El miedo y la incertidumbre que provoca, aquello que percibimos más grande que nuestra propia capacidad para resolverlo, nos debilita. Cuando aplicamos las herramientas adecuadas, retomamos nuestro poder y en un estado de mayor serenidad, fluyen a nuestra mente soluciones, ideas e inspiración, que aquello que creíamos difícil, se convierte en una oportunidad de aprender de la experiencia y seguir adelante más fortalecidos.

Sugerencias:

Insisto, escribe todo aquello que piensas y sientes. Identifica aquellas situaciones que te provocan estrés, ansiedad, tristeza etc. Liberarás la mente que es engañosa y podrás cambiar tu visión de aquello que te preocupa.

- Evita cafeína si te encuentras bajo estrés, así como azúcares. Procura mejor algún té y come algo ligero.

- Descansa, tómate una siesta, y duerme de preferencia a la misma hora.

- Antes de dormir, lee algo positivo, prepara tu agenda con anticipación, ya que te dará mayor enfoque y usarás adecuadamente tu energía, obteniendo así mejores resultados.

- Medita, practica la visualización de cómo deseas tu día siguiente, y haz la pregunta clave antes de dormir:

¿Qué necesito saber, que me ayudará a enfocarme en aquello que es importante y urgente realizar el día de mañana?

¿Qué acciones me llevarán a vivir con mayor plenitud?

Perdonar no es tan difícil

Si dejáramos de pretender castigar a aquellos que en nuestro juicio merecen recibir dolor, sufrimiento, pobreza, soledad y tristeza; la vida sería más sencilla y pacífica.

Aún y en aquellas experiencias en donde no comprendemos el por qué suceden ciertos eventos; nada podemos hacer para cambiar el pasado. Por mucho que sea el dolor que se experimente; la vida, teniendo el potencial de ser brillante y colorida, se torna gris, sin ilusión de continuar y crear un presente y futuro mejor.

Perdonar es un gesto de amor no hacia los demás, sino hacia ti mismo. Cargar con un bagaje que ya no corresponde, es como pretender cruzar del otro lado del río, en donde se encuentra todo tipo de nuevas posibilidades; y al intentar cruzar el río, te hundes.

Por la vida es mejor andar ligeros, sin deudas con los demás, sin nada que perdonar. Es más sencilla la vida y aumenta nuestra capacidad de crear una realidad más positiva y expansiva, al dejar en el pasado lo que le corresponde al pasado.

EJERCICIO:

1.-Al despertar, quédate por unos minutos, sereno sin levantarte de prisa, solo permítete estar presente. Si lo prefieres realiza una meditación u oración de tu preferencia.

2.-Dibuja en una hoja dos columnas y escribe primero una lista con los nombres de aquellas personas a quien creas debes perdonar; en la segunda columna, escribe el nombre de las personas a quienes reconoces que lastimaste.

3.- Repite la visualización de liberación de emociones negativas, como una herramienta para alinearte con tu yo superior, espíritu santo, divinidad, o aquello que según tus creencias te sientas más cómodo o cómoda y repite siete veces:

"No entiendo lo que pasó; te Perdono, te Libero, me Perdono y Soy Libre!"

4.-Mentalmente, enumera por lo menos 10 cosas por las que te sientes agradecido.

5.-Pregunta al universo: ¿Qué es aquello que puedo hacer el día de hoy que me permitirá ser una contribución en la humanidad y la naturaleza?

Te aseguro que al hacer estos pasos, tu día transcurrirá de manera sorprendentemente positiva. Haz de los ejercicios una práctica diaria, te ayudará además a dejar ir el dolor y el sufrimiento en un menor tiempo y de forma suave y placentera.

En los siguientes temas, vienen otros sencillos ejercicios que te ayudarán a liberarte y disfrutar de una mayor paz, que a su vez se traducirá en felicidad en tu vida.

Algo interesante sucede al hacer estos ejercicios, y es que podrás observar con mayor facilidad, cómo es que otras personas viven inmersas en un sufrimiento innecesario, y es tu espejo, de aquello que quizás no veías y que ahora se muestra ante ti, dándote la oportunidad de seguir sanando tus emociones.

Cuando tu cambias, ¡cambia todo en tu entorno!

Recupera Tu Poder Ante La Adversidad

"Cuando creemos que las cosas aparentan no estar a nuestro favor, podemos optar por rendirnos o luchar por lo que deseamos. Ambas pueden parecer difíciles, la diferencia está que al rendirnos, al final experimentaremos dolor y sufrimiento al percatarnos que podíamos hacerlo mejor".

Identificar el tipo de pensamientos que causan todo tipo de sufrimiento, es vital cuando deseamos experimentar paz y armonía en nuestras vidas. Al recuperar tu poder ante la adversidad, se activa tu capacidad creativa y se facilita el enfocarse en asuntos y actividades que favorecerán el vivir con un mayor propósito.

En mi experiencia profesional, una de las mejores herramientas que ha ayudado al logro de objetivos, metas y sueños, después de haber pasado por momentos de dificultad; es el de hacer una serie de preguntas que lleven a encontrar el tipo de respuestas, que quizás no se habían considerado antes.

En cada uno de los ejercicios, te habrás dado cuenta que incluyo preguntas. Contestando cada una de ellas, gran parte de la visión que tienes sobre tus experiencias y opinión de las personas, cambiará considerablemente.

Recuerda, si lees este libro sin hacer los ejercicios, no puedes esperar muchos cambios porque todo se quedará en la teoría, y eventualmente la teoría la habrás olvidado.

EJERCICIO

Lee las instrucciones de este ejercicio y procede a realizarlo. Después, escribe en tu libreta las respuestas a las siguientes preguntas que tienen como finalidad, el que superes momentos de prueba, a los que te has enfrentado.

Cierra tus ojos y trae al momento presente, la memoria de un evento en tu vida que te causó dolor, coraje, tristeza o cualquier sentimiento que aún en estos días, puedes revivirlo como si hubiera pasado en este momento.

Una vez que tengas la imagen lo más claro posible, imagina que tu consciencia se eleva por encima de tu cuerpo, y sigue subiendo hasta que puedes ver desde arriba toda la escena. Puedes observar todos los detalles, las personas involucradas, el ambiente que lo rodeaba, sensaciones tuyas y de los demás.

Desde esta nueva perspectiva, contesta:

¿Qué es lo que puedes ver que no habías considerado?

¿Cómo estás reaccionando ante la situación? ¿Con agresión, lágrimas, huyes, qué pasa?

¿Qué fue lo que realmente causó que te sintieras mal?

¿Es posible que las personas involucradas, sean un espejo de lo que en ese momento había en tu interior, y que no te habías dado cuenta?

¿Cómo cambiaría tu vida, si eliminas el juicio y pensamientos sobre aquello que crees te lastimó?

Ahora, imagina que tienes a la persona frente a ti, dispuesta a escucharte sin interrumpir, ¿qué le dirías?

Es turno de la otra persona, de expresar su sentir… ¿Qué te dice? Escucha…

Estamos conectados energéticamente con todo lo que nos rodea, sin importar la distancia. He podido corroborar que al realizar cualquiera de los ejercicios para sanar emociones, las personas que estén involucradas en la experiencia, también sanan; es un efecto que se expande y beneficia a todos.

De esta manera, tu estás contribuyendo para que tu vida sea más armoniosa, al igual que estás contribuyendo a las personas que han formado parte de tu historia de vida, y las que siguen siendo parte de ella. Todos se verán positivamente influenciados, gracias a tu trabajo personal.

El Poder de la Visualización para Liberación Emocional

Lo creamos o no, todos los días estamos usando el poder de la visualización e imaginación ya sea de forma positiva o negativa, creativa o destructiva. Por experiencia propia y de testimonios a lo largo de mi práctica profesional; hemos encontrado que es una excelente herramienta cuando se trata de liberar todas las cargas emocionales, acumuladas a través del tiempo.

¿Por qué sigo atrayendo el mismo tipo de experiencias en mi vida una y otra vez? -me preguntan constantemente.

Al usar el poder creativo de nuestra mente, emociones e intención para atraer y manifestar aquello que deseamos, sin duda así será. Sin embargo, si la emoción que generamos sobre lo que deseamos es de duda, miedo, inseguridad, desmerecimiento y falta de entusiasmo; lo que atraeremos será todo lo contrario. Es decir, el universo es el espejo que reflejará aquello que vibra desde tu interior.

Cada emoción atrapada, es similar a una sombra que te mantiene atado a una realidad que nada tiene que ver con todo lo que puedes llegar a crear, una vez que sueltas aquello que no te ha dejado avanzar.

EJERCICIO

1.-En tu libreta, escribe una lista de todas aquellas personas, que tu sientes te han lastimado ya sea físicamente, verbalmente o emocionalmente. Evita revivir las emociones que esas heridas te pudieron haber causado y escribe una por una, como surjan a tu mente.

2.-Escribe los nombres de aquellas personas que crees tu lastimaste y posiblemente te sigues castigando al respecto.

3.-Vuelve a leer tu lista en voz alta, inhalando y exhalando mientras vas repitiendo al final de cada nombre lo siguiente:

"No entiendo lo que pasó; te Perdono, te Libero, me Perdono y Soy Libre!"

Repite este sencillo y poderoso ejercicio, con cada una de las personas de tu lista y te puedo asegurar que tu vida empezará a fluir de forma sorprendente, ¿sabes por qué? ¡Porque te has liberado, y estás listo para recibir bendiciones!

Visualización de Liberación de Emociones Negativas

El siguiente guión, que forma parte de mi Cd de Visualizaciones y Meditaciones Guiadas *Contactando con lo Divino;* es una herramienta que te llevará por un proceso de relajación y liberación emocional. Te sugiero que lo repitas por lo menos siete días seguidos antes de dormir.

Si eres de las personas que adquirieron el Cd con anterioridad, se te facilitará aún más, sobre todo si lo escuchas con audífonos. Iniciar un nuevo episodio en tu vida, con mayor apertura a nuevas bendiciones en todas las áreas como: amor, salud, paz, prosperidad y propósito, requiere dedicación y buena disposición. Sin embargo, las visualizaciones o meditaciones guiadas, he confirmado que son sencillas, y con resultados desde la primera sesión.

"Siéntate con la espalda recta, y las piernas de preferencia cruzadas o con las plantas de los pies hacia el suelo; y con las palmas de las manos hacia arriba, en posición de recibir gracia divina. Si lo prefieres recuéstate en donde te sientas más cómodo o cómoda…

Recuerda que estás haciendo una visualización creativa, en donde no hay un criterio para hacerlo bien, "déjate llevar" y simplemente usa tus cinco sentidos y recuerda que es de suma importancia ponerle la mayor emoción positiva a cualquier imagen que estés visualizando. Tus emociones, son lo más importante.

Si durante la visualización, tú sonríes, te sientes feliz y positivo, atraerás con mayor rapidez aquello que deseas!

Empieza por cerrar tus ojos e inhala profundamente, ahora exhala, de nuevo inhala, exhala…una vez más inhala y exhala… -repetir las veces que sea necesario-

Quiero que pongas una luz blanca radiante, alrededor tuyo como una esfera que te cubre completamente, y en donde sientes protección, tranquilidad y armonía…

Y repite:

"Yo soy la poderosa presencia del Ser Crístico en mí, que me llena de su maravillosa "Luz Blanquísima", y me mantiene Invisible e Invencible de cualquier energía negativa que busque perturbarme" ¡Así Sea!

Conforme respiras, siente los músculos de tu rostro relajarse…alrededor de tus ojos, mejillas y barbilla…

Inhala y exhala…

Siente, como tu cuello y hombros son más y más ligeros… Inhala y exhala…

Permite que tus brazos se relajen, hasta llegar a tus manos y dedos…

Inhala y exhala…

Ahora todo el resto de tu cuerpo desde el pecho, bajando hacia tú abdomen, tus caderas, piernas, tobillos, y por último tus pies, los sientes más ligeros y muy relajados.

Volvamos a poner nuestra atención en aquella parte del cuerpo que sientas que sea tu centro… Desde este lugar, siente como una energía recorre tú cuerpo , va bajando lentamente hasta tus pies, y sigue hacia abajo conectándote con el centro de la Tierra.

Siente, como esta misma energía sube recorriendo tu Ser, hasta que sale por la parte superior de tu cabeza, y sigue subiendo hasta conectarte con la Fuente Divina. Observa, como esta energía se expande y crece hacia afuera de tú cuerpo cada vez que respiras.

Contaré del 10 al 1, y conforme avance, sentirás cómo tu energía se funde con la energía universal que te lleva hacia un lugar hermoso lleno de armonía en donde sientes que fluyes sin ningún esfuerzo...

10...9...8...7 Cada vez te acercas más a éste lugar...6...5...4...3...2...1

Ya estás allí,

Voltea a tu alrededor y, ¿qué es lo que ves?

¿Puedes verte en un determinado lugar? O simplemente, ¿es tu conciencia que está allí flotando?

Esta es tú dirección y camino de tu vida.; que es natural, positivo y te sientes muy feliz...

En este lugar, es donde creamos todas aquellas ideas para que se conviertan en realidad, porque todas las oportunidades, personas, y circunstancias en nuestra vida, tienen su origen aquí...

Ahora te das cuenta que se acerca hacia ti una resplandeciente Luz Verde, es el Arcángel Rafael que viene a ayudarte a sanar tu cuerpo, emociones y pensamientos que no te permiten ser feliz...

Te dice que: "Dios te creó con el poder de ser y tener lo que desees"

Voltea hacia adelante y verás un río que corre y fluye con naturalidad…Del otro lado del río se encuentra todo aquello que tú deseas en la vida: Prosperidad, Salud y Amor…

Rafael Arcángel te dice que: "Para alcanzar todo aquello que tanto anhelas, debes de cruzar el rio". El está a tu lado, y te asegura que no hay nada que temer; solo que te acabas de dar cuenta que en tú espalda cargas una mochila o bolsa que contiene piedras…

Estas piedras pueden ser grandes o pequeñas…Observa, ¿de qué tamaño son?

Cada una de estas piedras representa tus miedos, rencores, frustraciones, personas y todo aquello que no te deja a veces ser feliz.

Permítete sentir lo que te provoca cargar con éstas piedras; siéntelo ahora…

Ve hacia atrás en el tiempo, recuerda que no hay nada que temer, estás en un lugar seguro y nada puede dañarte…

Solo por este momento deja que ésos sentimientos afloren de manera abierta; vive cada unas de éstas emociones negativas…

Para alcanzar todo aquello que anhelas, debes de tirar cada una de estas piedras, que representan tanto personas, situaciones, emociones y pensamientos negativos que solo te lastiman…

Conforme vayas tirando cada una, te sentirás más en paz.

Tira la piedra que representa el miedo, ahora la del rencor, la piedra del dolor, y aquella que represente a una persona o personas que te han lastimado…

Observa con atención, como el río se lleva cada una de ellas, y tú te sientes cada vez más libre, porque sabes que ¡ya no tienen ningún poder sobre ti!

El Arcángel Rafael se acerca a ti, complacido por tu enorme esfuerzo...

Es su deseo, enviarte su energía para limpiar completamente todo tu Ser

Siente como la luz sanadora y purificadora del Arcángel Rafael, fluye hacia ti, entrando desde la parte superior de tu cabeza, y bajando lentamente por todo tu cuerpo...

Ahora que estás completamente libre de ésas emociones negativas, reconoces que, ¡en verdad solo tu tienes el poder de ellas!

Tú tienes el poder de dejarlas ir. Tú tienes el poder de recibir aquellas emociones de amor, paz, balance y perfecta armonía...

Recuerda que naciste con el derecho de reclamar tu felicidad. Tú naciste con un propósito...

El Arcángel Rafael te dice que: "es el tiempo de cruzar el rio"...

El, va a tu lado, así que, ¡crúzalo ahora!

Disfruta como el agua fresca rodea tu cuerpo mientras cruzas en completa seguridad...

Ya que estás del otro lado del río: ¡Abre tus brazos y simplemente da gracias a Dios y a la vida por todo y, ¡recibe ahora!

Siente la plenitud, felicidad, amor y seguridad, de que nunca te faltará nada. ¿Te das cuenta, qué sencillo es dejar atrás lo que no sirve?

Toma un momento para observar, sentir, o escuchar cualquier cosa que llegue a tu mente...

-Pausa por 30 segundos-

Tu sabes que has hecho una enorme transformación, permitiendo que nuevas bendiciones lleguen a tu vida.

Es tiempo de darle las gracias al Arcángel Rafael por su amor y ayuda incondicional...

Enfoca de nuevo tu atención lentamente hacia tu cuerpo, siente como viajas por un puente de energía que te lleva de regreso a conectarte con tu cuerpo, pero de ahora en adelante toda esa energía positiva la traes contigo...

Contaré del 1 al 10 y regresarás sintiéndote muy feliz...

10, 9, 8, 7, 6, 5, 4, 3, 2, 1...Lentamente abre tus ojos ahora".

Puedes repetir estos ejercicios todas las veces que desees, así como adaptarlo a tu preferencia. Será una excelente herramienta que podrás utilizar en el momento que lo necesites. Imagina que de ahora en adelante, si algo o alguien intenta quitarte tu paz, puedes recurrir a estos ejercicios para liberarlo. No más cargas del pasado, a partir de hoy, ¡eres libre!

Autoestima y Autoaceptación

Recuerdo a Perla una hermosa joven de 30 años que después de su divorcio y con un hijo de 7 años; se sentía deshecha, con pocas ilusiones de encontrar a una pareja que la amara de verdad, que estuviera con ella tanto en los buenos momentos como en aquellos de pruebas y dificultades.

Cuando la conocí, necesitaba terapia para superar su divorcio y además, quería seguir creyendo en la posibilidad de un nuevo amor. Me recordó a mí misma, cuando me divorcié a la edad de veintiocho años y mi hija tenía tres años aproximadamente.

Recuerdo que, todo tipo de pensamientos e inseguridades pasaban por mi mente, me sentía como si todo el mundo me juzgaría mal a causa de mi divorcio, y que sería difícil iniciar una nueva historia amorosa; sin embargo con el paso del tiempo, aprendí a reconstruirme a mí misma, y abrirme de nuevo al amor.

Ante los demás, proyectaba a una persona que tenía éxito en lo profesional y que gozaba de todo tipo de comodidades, salud, bienestar y armonía. Sin embargo, cuando regresaba a casa después de un día de trabajo, sentía que algo me faltaba. Mi comunión con la Divinidad no era con la misma constancia, como cuando antes de casarme y enfocarme en ser exitosa.

Empecé a sentir un vacío, y al igual que Perla, una parte de mí quería seguir creyendo que, todo mejoraría y mi corazón volvería a sentir una gran ilusión. Recordar mi experiencia, me hizo ver que en ocasiones la vida te brinda la oportunidad de ayudar a otros a superar pruebas que uno ya experimentó antes.

Las personas que llegan a nuestras vidas, a veces hacen el papel de espejos, para proyectarnos aquello que no queremos ver en nosotros, o bien aquello que nos inspira a desarrollar en nuestro ser, pero también para ayudar a quienes están viviendo algo similar a lo que fue una experiencia nuestra del pasado.

No deja de sorprenderme el hecho que, al ayudar a otros te ayudas a ti mismo, porque todos somos parte de un todo. Ignorar a quien requiere apoyo, es negárselo a uno mismo.

Y como nada es casualidad, para cuando Perla llegó a mi vida, yo ya tenía años dando terapias y coaching de vida, así como conferencias de diferentes temas de espiritualidad y desarrollo humano. Le comenté que había creado un Cd de meditaciones guiadas, en donde usando el poder creativo de la imaginación podría elevar de nuevo su autoestima y atraer a su pareja ideal o más afín.

Para este proyecto aún no contaba con testimonios sobre los resultados obtenidos, pero por lo mismo le pedí si estaría dispuesta a hacer el reto de 21 días, y ver qué resultados tendría, y aceptó. El reto consistía en que por 21 días seguidos escucharía los audios y llevaríamos un registro de todos los cambios. Bueno para hacer la historia corta, vive una hermosa historia de amor, y su sueño de que su actual pareja aceptara y quisiera a su hijo se hizo realidad; y lo que es mejor, está comprometida! Pasó el tiempo, y seguí trabajando con diferentes personas que al igual que Perla, quisieran elevar su autoestima y tener una pareja que les llenara en todos los niveles; mental, emocional, físico y espiritual. Fue entonces, que con mayor seguridad y testimonios, me decidí a publicarlo para distribución digital a nivel mundial. Fue así que mi Cd "Descubriendo el Secreto del Amor" alcanzó a posicionarse dentro de los siete primeros lugares en Amazon.

¿Qué es Autoestima?

Autoestima tiene que ver con la forma en la que valoras tu persona, tu trabajo, tus logros, así como la manera en la que te relacionas con tu familia, amigos, compañeros de trabajo y la sociedad en general. Es la imagen que tienes de ti mismo, aunque como todo lo que es dual, existe la baja autoestima, que es simplemente, cuando pese a todo, la percepción que tienes de ti mismo es baja y desalentadora.

El lenguaje corporal juega un papel importante a la hora de observar cuando una persona tiene alta o baja autoestima. Una persona con alta autoestima, por lo regular camina con mayor confianza, con la espalda recta y su rostro refleja seguridad. Lo opuesto sucede con la baja autoestima; caminan encorvados, su forma de hablar y expresarse en general es más insegura. El respeto a uno mismo y cero tolerancia a cualquier tipo de violencia, es clara señal de alta autoestima. Si no nos respetamos y ponemos límites, nadie lo hará por nosotros.

Las causas de una baja autoestima, bien pueden venir desde antes de nacer, o durante tu niñez y etapas de crecimiento. Aunque no ahondaré en ese tema, ya que corresponde al libro Descubriendo el Secreto del Amor; te compartiré algunos ejercicios que podrás hacer en cualquier momento.

Merecimiento

El dolor que causa en ocasiones, el sentirse que no eres merecedor de experimentar el amor, felicidad, paz, armonía, salud y prosperidad, es como el enemigo que se interpone en todo momento en tu vida.

Cuando hablo con personas que me comparten sus experiencias, me dejan ver que, muchas veces han destruido sus relaciones, trabajo y otras posibilidades en su vida, a causa de no sentir que merecen lo bueno que la vida les brinda.

Experimentan una especie de culpa o miedo a que llegue un día y todo lo pierdan, sin vigilar que sus pensamientos, palabras y acciones se vuelven en su contra atrayendo hacia ellos mismos, justo aquello que tanto temían.

Una persona puede entablar una relación con otra y quererla profundamente; sentir inclusive una hermosa afinidad, crear juntos momentos llenos de amor y felicidad. Pero, cuando la falta de merecimiento se hace presente, llega a auto sabotea aquello que tenía todo el potencial de crecer y madurar.

Imagina por un momento que a causa de tus pensamientos y sentimiento de desmerecimiento, aquellas bendiciones que vienen en tu camino, jamás lleguen porque creaste una barrera tan alta que no permites que lleguen a ti.

¿Cuántos trabajos, relaciones y oportunidades estás dispuesto a destruir inclusive antes de que lleguen a tu vida?

Se requiere fuerza de voluntad, constancia y dar todos los días los pasos necesarios para avanzar hacia la vida que deseas y mereces vivir. Para eso, contesta estas dos sencillas preguntas, con toda honestidad.

EJERCICIO

1. ¿Qué es aquello que te provoca creer que no mereces ser feliz? Escribe cualquier recuerdo, idea y pensamientos que vengan a tu mente. No se trata de juzgarte o castigarte, solo recibe la información y escríbela.

2. ¿Estás dispuesto a aceptar nuevas bendiciones en tu vida? ¿Sí o No?

3. ¿Por qué?

4. Escribe por lo menos tres pasos que te gustaría dar para empezar a aceptar y merecer amor, prosperidad, salud, felicidad.

5. Escribe la fecha en la que pondrás en práctica los pasos que escribiste y a un lado, tu nombre y fecha del día de hoy para que te sirva como referencia.

Es interesante lo que sucede, cuando firmamos y escribimos fecha a nuestra intención, ya que estamos preparando y programando nuestra mente para el cambio.

¿Quieres resultados? A partir de este momento puedes poner en práctica el ejercicio y conforme veas la transformación, tu motivación incrementará cada día.

Importante: Lee cada ejercicio que vayas realizando antes de dormir; te ayudará a tener mayor claridad con respecto al asunto de tu vida que estés trabajando.

10 Formas para Aumentar tu Autoestima

No debemos de ignorar, los efectos negativos que atraeremos a nuestra vida si evitamos trabajar en nuestra autoestima. Cuando las diferentes áreas de la vida se ven afectadas por una baja autoestima, fácilmente puede transformarse en depresión. Se ven afectados los niveles mental, físico y espiritual, corriendo el riesgo de provocar daño al cuerpo físico.

En los el capítulos sobre la mente y las emociones, menciono cómo el hecho de la percepción que se tiene, ya sea de uno mismo y el entorno, tiene un impacto positivo o negativo en nuestra vida; ya que es un detonador, al momento de atraer personas y situaciones que estén en resonancia, con la vibración que se genera por medio de la percepción original. ¡Tus pensamientos crean tu realidad!

10 FORMAS PARA AUMENTAR LA AUTOESTIMA

1) Acéptate y ámate

Cada persona, posee su propia grandeza, talentos, habilidades, potenciales y dones que la hacen un ser único. Cuando se reconoce esto, no hay espacio para las envidias porque, usas mejor ese tiempo para enriquecer tu vida con tu belleza interior, que se refleja en tu exterior.

Las comparaciones son innecesarias, puesto que no hay razón para comparaciones. Se comprende el hecho de que, al descubrir todo tu potencial, eres capaz de vivir con plenitud.

Aceptarse, no significa que si hay algo en tu persona que desees mejorar, no debas de hacerlo; de hecho, es todo lo contrario. Si no estás conforme con tu peso y talla, por ejemplo; cambiar tu percepción y liberar tus emociones, serán un gran apoyo. Encuentras una razón que te motive lo suficiente para continuar, hasta que logres llegar a tu talla ideal. Repito, a tu talla ideal, no la que los demás crean que es.

2) Sé tu mismo

¿Por qué querer ser como alguien más, cuando al descubrirte a ti mismo te das cuenta que eres especial y reflejo del amor? Evita entonces, compararte con los demás y enfoca tu atención en ser tu mismo, sin pretender ser aceptado por los demás. Por lo regular, aquellas personas que bien vale la pena mantenerse rodeado, son aquellas que te quieren y aceptan como eres realmente.

Ser tu mismo, no te limita a ser mejor persona, es decir; si reconoces que eres en ocasiones orgulloso, y que a causa de lo mismo tu relación con los demás no es armoniosa como podría ser, bien vale la pena trabajar en ello. El orgullo, es muy mal consejero. Una cosa es tener dignidad, y otra muy distinta el orgullo; ya que este te aleja de los demás, y dejas de disfrutar bellos momentos con tus seres queridos, pero sobre todo, es el amor lo que debe de prevalecer en tu interior, no el orgullo, odio, rencor o deseo de venganza.

3) Ten presente tus logros

¿En verdad crees que nunca has tenido algún logro? Pregunta a un familiar, amigo o compañero de trabajo que sea una persona positiva y pregúntale si considera que has tenido algún logro. Elabora una lista de todos los logros que recuerdes; esto te ayudará a apreciar no solo al ser único que hay en ti, sino a recordar que, ¡puedes tener muchos logros más!

Cuando sientas miedo o inseguridad de llevar a cabo algún proyecto, recuerda tus logros, con el solo propósito de que retomes tu poder personal.

4) Evita desanimarte

Darse el permiso de equivocarse es saludable, porque al hacerlo, no nos juzgamos con dureza, y nos permite avanzar, en lugar de quejarse por un pasado que ya no tiene forma de regresar. Mejor pregúntate qué puedes aprender de tus errores y sigue adelante. La vida tiene sus altas y bajas, y lo mejor es que, todo es temporal.

5) Realiza los ejercicios de este libro

Al igual que los ejercicios de este libro, si desarrollas el hábito de leer, escuchar audios y videos que sean una invitación a mejorar cada día; tu autoestima se elevará de tal manera que todas las áreas de tu vida tendrán un impacto positivo. Nada de lo que leas aquí, será lo suficientemente enriquecedor si no los pones en práctica.

Mencioné antes, mi sugerencia de leer los ejercicios que estés realizando, antes de dormir. Te ayudará a aclarar tu mente, y al despertar no te sorprenda que sientas mayor motivación, una certeza de que viene algo mejor, y serenidad para tomar decisiones. Estarás en mayor control de ti mismo, mientras que dejas el control de cómo y cuándo sucederá aquello que deseas ver reflejado en tu realidad.

6) Rodéate de gente positiva

Todos en algún momento hemos vivido experiencias difíciles y dolorosas, la diferencia se encuentra, cuando vivimos siendo víctimas del pasado en lugar de superar cualquier reto. Por lo mismo, si escuchas a personas que todo el tiempo se quejan, que son negativas y criticonas; no te sorprenda que todo lo que te rodee, sea una proyección de más negatividad y caos.

La influencia positiva de amistades y familiares que han sabido manejar con mayor sabiduría sus experiencias, es enriquecedor. Te sugiero por lo tanto, que hagas un inventario de aquellas personas de las cuales te gustaría rodearte, y de cuáles alejarte.

¡Llévalo a la práctica y verás la gran diferencia! Eso sí, nada de sentir culpas, por tomar decisiones que te acerquen al tipo de vida que deseas experimentar de ahora en adelante.

7) Aprende a decir No

¿Te ha sucedido que alguien te pide hacer algo que en realidad no quieres, y por complacerlos, al final te sientes mal?

En nuestro miedo de ser rechazados, aceptamos hacer cosas que bajan la autoestima. Cuando te respetas, resulta más sencillo decir "no", a cualquier petición o situación que no te honre como persona, o que simplemente no sientes que vaya de acuerdo con lo que deseas.

Presta atención a la forma como reaccionan los demás, cuando amablemente les dices "no"; te ayudará a conocerles un poco más, y adquirir práctica sin que sientas culpa o miedo al hacerlo. Con el tiempo, te resultará más sencillo y tu autoestima irá en aumento. A veces poner límites, es un acto de amor hacia ti y los involucrados.

8) Realiza actividades, deportes o pasatiempos que te apasionen

Una de las mejores formas que encuentro para disfrutar de la vida, es involucrándome en nuevas actividades que me permiten explorar mis talentos, quizás algunos que no sabía que tenía; mientras sigo haciendo aquellas que me resultan familiares y que puedo ir perfeccionando poco a poco.

Los beneficios que obtenemos al hacerlo, van desde liberar el estrés, aumentar la creatividad, eleva el espíritu, y desarrolla pensamientos positivos disipando miedos e inquietudes, cambiando así tu percepción de la vida.

9) Conoce gente nueva y disfruta de tus amistades

¿Cuántas veces ha estado tu amigo o amiga a tu lado, para apoyarte en momentos de dificultad? Abrirse al apoyo y cariño, que te brindan los amigos durante las pruebas de la vida, y compartir momentos de alegría, es otra forma de ser generoso con uno mismo.

De nada sirve aislarse en tu dolor, o no tener con quién compartir tus sueños y alegrías, si estás solo. Tomarse un momento para reflexionar es una cosa, aislarse por días es otra.

El trabajo, las responsabilidades y diversos compromisos, ponen en segundo plano el alimentar y nutrir las relaciones. Si por lo menos dedicas un día a la semana, para compartir y conocer gente nueva, verás la diferencia de la contribución que son en tu vida.

Visita lugares en donde se reúnan personas con gustos similares a los tuyos; busca amistades afines y disfruta del momento sin crear ningún tipo de expectativa que no sea, simplemente la de pasarla bien.

10) Busca ayuda

Uno de los "errores" más comunes que he observado, es cuando algunas personas, consideran una debilidad el buscar ayuda. La ayuda además de venir de amigos y familia; se puede recibir de forma profesional, sin que esto represente algún tipo de amenaza para ti. Si te sientes cómodo con la idea de compartir con otros tus experiencias y recibir apoyo, acércate a diferentes organizaciones o grupos, para compartir.

Leer, tomar cursos y talleres no solo te brinda la oportunidad de recibir información, sino que al realizar las diferentes actividades y ejercicios, trabajas en tu Ser, lo que quizás no habías hecho en años.

Para elevar la autoestima, se requiere de diferentes herramientas que sean un apoyo adicional, y el tener una actitud positiva para trabajar en tu persona es el primer paso para lograrlo.

Amarte y aceptarte te llevará a vivir mejor. Buscar ayuda y apoyo, es un acto de madurez y de responsabilidad; por lo tanto, al dejar las ideas que te frenan de vivir mejor, te darás cuenta que no solo tu entorno ha cambiado, ¡tú has cambiado!

Amor de Pareja

"Te amo, lo escuché decir de tus labios un día y, no pude evitar cuestionarme, si acaso ambos conocíamos lo que es en verdad el amor"

El amor, del que mucho se habla, se especula, y ha sido tema de inspiración durante generaciones, en diversas películas, novelas, canciones, y libros; nos lleva a hacernos, las mismas preguntas, una y otra vez:

¿Qué es el amor?

¿Cómo nace entre dos personas el amor?

¿Por qué se acaba aquel sentimiento que nos hacía vibrar?

¿Por qué ya no me quiere?

¿Qué puedo hacer para que nunca se acabe?

En el amor de pareja, nuestras falsas expectativas llevan a una decepción, que no debe de existir; dado que, somos nosotros quienes principalmente las generamos. Si bien es cierto que, algunas personas en su afán de conquistar al otro, fingen ser quienes no son; nuestra intuición siempre busca prevenirnos de personas que no serán una contribución en nuestra vida, aunque en muchos casos la ignoramos.

En física cuántica, dicen que "el amor es igual a resonancia." Si esto es verdad entonces, ¿qué sucede cuando de la resonancia pasamos al rechazo entre dos seres? Expertos en el tema de la química del amor, exponen que el amor, no es otra cosa más que un proceso químico, que puede durar de 1 a 3 años aproximadamente.

Cabe mencionar que, cuando la pareja cultiva la relación, esta se va transformando, madurando y expandiendo, y la duración de la misma, no está sometida a estudios ni conclusiones científicas.

Por otro lado, el sueño que nos han vendido los medios de comunicación del príncipe azul y la princesa, ha causado más daño que bien. ¿Por qué creo esto? Por experiencia propia.

Mi punto de vista es que, confundimos la emoción que provoca el enamoramiento inicial, dejando que la imaginación y expectativas se eleven al punto que al menor error o cambio de la pareja, se empieza a desmoronar esa falsa ilusión.

El error no está en tener pareja, todo lo contrario; creo profundamente que, se puede tener a tu lado, a una pareja que sea armoniosamente compatible y afín con uno. El error es, lo que interpretamos como amor.

El amor tiene muchos matices y, en el deseo de vivir un amor perfecto, nos limitamos de experimentar la libertad de amar, simplemente, por amar.

Sucede con frecuencia que, se confunde el amor, con control o manipulación; cuando el amor, es un sentimiento tan puro, que no requiere que se le controle; más bien, puede ser alimentado todos los días, por el gusto y felicidad que eso proporciona, más no por perder aquello que consideramos de nuestra posesión.

¿Cómo serían las relaciones de pareja, si amáramos sin expectativas, miedos, o necesidad de control?

Sufrimos cuando cambiamos nuestra percepción del amor por miedo. Es similar, a sentir miedo por la oscuridad, cuando en realidad no existe, es tan solo falta de luz. Todas aquellas programaciones que nos han acompañado, crean resistencias para poder ser felices.

Al desprenderse de los apegos y falsas expectativas, abrimos la mente y el corazón, para vivir una relación que alimente al espíritu. Se puede llegar a amar, en la distancia, en la cercanía, y ante todo aparente obstáculo, porque la unión va más allá de un simple contacto físico.

El amor a uno mismo, abre la puerta para amar a los demás. Amar a otro, sin pretender ser quien no se es, y sin esperar que el otro se convierta en lo que tampoco es; representa la oportunidad de dar tu regalo más preciado... la libertad de ser tu mismo.

La mente, a veces engañosa, nos hace caer en el juego de sentir miedo al rechazo y a que el amor se acabe. Al alimentar constantemente este tipo de pensamientos y emociones, se crean todo tipo de sufrimientos, arrebatándote así, tu paz.

Tú tienes el poder, de elegir que tus pensamientos y sentimientos creen momentos de armonía en el presente. De llegarse a presentar pruebas y retos en la vida, las bases de la relación serán lo suficientemente firmes, para que nada las destruya, por el contrario, se fortalecerán.

Las inseguridades, deseos, ansiedades y miedos, son parte del enamoramiento, más no del amor. Sanar tus relaciones del pasado y, ocuparte de ti, al igual que, amarte y aceptarte; son elementales para prepararse a disfrutar el amor en pareja.

Recuerda que tus pensamientos crean tus experiencias. Entrena tu mente a funcionar desde nuevas posibilidades, y deja en el pasado lo que no puedes cambiar. Aprende la lección de tus experiencias y avanza, para que tu presente sea a la vez, una fresca semilla para un futuro amoroso mejor.

Para experimentar el amor, solo ama sin juzgar, sin querer que la otra persona sea una creación o extensión tuya. Sé libre para que los demás experimenten a tu lado la libertad, mientras disfrutan de tu compañía.

La comunión que desarrolles con la Divinidad, será tu llave, para que eleves la manera en que percibes y vives el amor de pareja. Elige quien te ame y no pretenda poseerte; solo somos hijos e hijas de la creación y ni ella misma nos toma como posesión.

Vive el amor como si fuera la primera vez que lo conoces, goza cada instante como quizás no te habías dado permiso de vivirlo; y permite que salga toda la belleza que radica en ti, sin miedo a lo que vendrá, solo por vivir plenamente el aquí y ahora. El tiempo de amar... ¡es hoy!

Un Tributo al Amor

"Solo el amor es real… es paz y consciencia divina"

Una noche, tuve un hermoso sueño, podía ver mi Ser desprenderse del cuerpo físico y subir lentamente, hasta que lograba verme recostada y durmiendo. Recuerdo que, no sentía miedo, ni tampoco deseos de regresar a mi cuerpo, así que, mi intención de continuar, fue suficiente para elevarme por encima del techo de mi habitación.

Vi a lo lejos en el cielo, una ciudad flotante; era hermosa y todos las construcciones eran blancas. Conforme avanzaba, podía ver más a detalle que tenía jardines colgantes, hermosas flores y vegetación; todos mis sentidos, parecían agudizarse de tal manera que, podía percibir con mayor claridad y asombro todo a mi alrededor. ¡Tanta belleza! —pensaba, mientras despertaba aún más mi curiosidad, de acercarme y conocer completamente el lugar.

Al acercarme, pude empezar a ver personas que vestían túnicas blancas, todos vestían igual. Me sentí familiarizada con los habitantes y tan bello lugar, ellos parecían no sorprenderse de mi presencia; me veían y sonreían con amabilidad. Cuando finalmente, puse mis pies sobre la ciudad flotante, un hombre atractivo con piel blanca y barba cerrada, se acercó y me dio la bienvenida.

Sentía que le conocía desde hacía mucho tiempo y, dejé que me llevara a recorrer todas las áreas, mientras escuchaba con atención sus enseñanzas. Aunque algunos detalles de mi experiencia en ese lugar, se han borrado un poco de mi memoria consciente; recuerdo que, me llevó a un salón muy grande, en donde había un grupo de personas que trabajaban en armonía y felices enviando esferas de luz a nuestro planeta tierra.

Llamó mi atención, la forma tan diferente —a lo que hubiera imaginado—, cómo estas personas enviaban esferas de luz. En el salón, tenían una especie de tubos de plástico muy largos, que salían por encima del techo. Parecían como bastones gigantes, en los que uno a uno de los asistentes, se acercaban y fijaban su intención, en el sentimiento del amor. Podía ver que, primero una luz brillaba y se expandía en su pecho, y después, pasaba a través de su garganta hasta su boca, posteriormente, salía de su boca, para pasar por el tuvo que llevaría la esfera de luz hasta la tierra.

Mi guía, me mostró, cómo iban saliendo miles de esferas de la ciudad flotante, hacia la tierra. Era algo hermoso, y difícil de describir con palabras. En ese momento, tuve claridad, y volteando a ver a mi guía, le dije: "Vaya ahora entiendo, ¡solo el amor es real!". Mi guía, sonrío con una mirada llena de amor, y me desperté repitiendo en voz alta "Solo el amor es real"…

Esta experiencia, puede parecer sencilla para algunos, en cambio para mí, cambió totalmente mi visión del amor. Mi sentir al despertar, fue de una gran paz y gozo en mi corazón indescriptible; de hecho, tratar de describirlo, restaría sentido a la experiencia.

El amor de Dios, que es energía en constante movimiento y manifestación, es lo que hace que todo sea y exista en perfecta armonía. Podemos ver sus manifestaciones y hermosas creaciones que nos recuerdan que el amor es creativo, más no destructivo.

Desde que nacemos, conocemos el amor del mundo, el que nos proporcionan nuestros padres, amigos, familia, pareja e hijos. El amor de Dios por otro lado, es consciencia pura; es el hogar al que un día regresaremos y al cual realmente pertenecemos.

Por eso, hago un tributo al amor que habita en cada uno de nosotros:

-Al amor que somos capaces de sentir cuando tenemos por primera vez el rostro de nuestros hijos frente a nosotros.

-Un tributo al amor, que permite brincar las barreras con la que a veces nos enfrentamos, cuando recordamos nuestro verdadero origen.

-Al amor que todo lo puede, que todo lo perdona y que nunca se da por vencido.

-Un tributo al amor, que nos une, y que al final nos reunirá con la fuente divina, de la cual todos hemos emanado siendo luz.

-Un tributo al amor, que al final y sin mayor explicación, ¡simplemente es!

El Silencio, Cuando Sobran las Palabras

"Y desperté un día, en donde todos eran mudos, las palabras no eran necesarias, porque el lenguaje era el amor"

En diferentes versículos de la Biblia, mencionan el poder que tienen nuestras palabras; ya sea, que estén llenas de amor y buena intención, o aquellas que vienen acompañadas, de un sentimiento de odio, rencor, egoísmo o desamor.

Las palabras, tienen mucha fuerza; con ellas podemos destruir lo que ha tomado tanto tiempo construir, debido a que en ocasiones, una palabra fuera de lugar, es capaz de arruinar aquello, por lo que hemos luchado. En el caso opuesto, una palabra de aliento, tiene el poder de regenerarnos y darnos paz, así como de llenar nuestro corazón, de razones para seguir adelante, venciendo así, cualquier obstáculo que pudiese interponerse en nuestro camino.

El camino, en ocasiones es incierto; más de lo que sí tenemos certeza, es de cómo reaccionaremos a estas experiencias. La intención de nuestras palabras, dan vida o dan muerte.

Las palabras, no se las lleva el viento; dejan huella, tienen poder, e influyen positiva o negativamente; curan o hieren a una persona. Por eso mismo, los griegos decían, que la palabra era divina, y los filósofos elogiaban el silencio.

"Después de la palabra, Dios nos dio el don del silencio"

En oriente, a la práctica del silencio se le conoce como "mauni", todos los días, alrededor del mundo, miles de monjes taoístas, zen, tibetanos, yoguis, y cristianos, ingresan a una especie de "cura de silencio".

Este silencio, bien se puede poner en práctica, cuando existen desacuerdos entre parejas, familia o amistades. Es en el silencio, cuando salen a la superficie, los fantasmas del pasado, y se confrontan las mentiras del ego, hasta que brilla de nuevo la luz y llega la paz.

El silencio, tiene el poder de equilibrar las aguas, de reconciliar, de eliminar excesos y mejorar aparentes defectos. La nueva humanidad, deberá entablar una amistad con el silencio; ya que, en un mundo en donde hablamos todos al mismo tiempo, nadie escucha a nadie. Hablamos, sin tener consciencia del impacto que, las palabras pueden provocar en la vida de otros y la propia. La vida, eventualmente, nos devuelve lo mismo que nosotros enviamos al universo.

¿Cuál ha sido la calidad de tus palabras recientemente?

¿Tus palabras, han sido de amor o de resentimiento?

¿Cuál voz, es la que escuchas normalmente, la del amor o la del ego?

¿Eliges escuchar la voz de tu ego, que te pide a gritos no perder su poder? o, ¿la voz, de tu Ser interno que te invita a mantener la calma y dejarte fluir; simplemente dándote la oportunidad, a que todas las ideas y sentimientos vuelvan a su estado de equilibrio y paz?

Piensa en esto, vigila tus pensamientos porque, ellos se convierten en palabras y, cuida tus palabras, porque ellas marcarán tu destino.

Detente antes de hablar, recupera tu calma y habla solo cuando estés en paz. De tus palabras, depende muchas veces, la felicidad o la desgracia, la paz o la guerra. Por lo mismo, aún seguimos experimentando divisiones, no solo a nivel personal sino en mayor escala.

Si tan solo, multiplicáramos las palabras de amor, gratitud y verdad; disiparíamos el enorme abismo, que ocasionan aquellas palabras, que son huecas, sin sentido o carentes de verdad.

Recuerda esto, una palabra de amor, puede suavizar las cosas, e iluminar tu día; puede aliviar la carga, puede curar y dar felicidad. Sin embargo, una palabra de enojo y odio, provoca discordias y separación.

Tienes el poder, de elegir dar vida o muerte con tus palabras; pero sobre todo, tienes la responsabilidad, de enfrentar las consecuencias de lo que elijas.

Que tus palabras sean para edificar y brindar bellos momentos cada instante de tu vida y la de los demás. Tú eres el sembrador, y tu palabra la semilla.

De la misma manera, que una semilla debe de ser sembrada en tierra fértil. Siembra semillas de amor, a lo largo de tu camino, para que coseches el fruto inagotable de la felicidad.

Cómo Ser Más Feliz

"Cuando aprendí a dejar de culparme, y dejar de culpar a los demás; me permití, ser realmente feliz"

De niña, aproximadamente a la edad de 5 años, una noche soñé que encontraba en una cueva, un tesoro que tenía en su interior monedas, joyas de oro y piedras preciosas. Me emocioné porque, al igual que los niños que iban conmigo, en nuestra ingenuidad, creíamos que podríamos comprar todo para ser felices; una casa muy grande, riqueza material, viajes, lujos y más. Me desperté, y fue tal mi desilusión, que intenté volver a dormirme, para ver qué pasaba en el sueño, más no lo logré.

Estaba en negación, creyendo por un momento que un tesoro como el de mi sueño, sería la solución para lo que en mi niñez estaba viviendo. Observaba que el tema del dinero era una constante en las discusiones entre mis padres. Mi madre trabajaba para poder apoyar a mi padre, y que nada nos faltara. Afortunadamente, para mi familia, el esfuerzo y la buena administración de las finanzas por parte de mi madre, fue clave, para que al poco tiempo la prosperidad llegara.

Pasaron los años, y recordaba el sueño del tesoro encontrado. Observaba que las pláticas de los adultos, eran siempre sobre el dinero y la forma en la cual, el tener más riqueza, cambiaría sus vidas. Para otros, su felicidad la alcanzarían una vez que encontraran el amor.

Me empecé a preguntar:

¿Qué es lo que me haría feliz?, ¿En dónde está el tesoro para cada persona?, ¿Acaso mi sueño, era solo un símbolo, que representaba el ir en busca de un tesoro, que es la fuente de toda la verdadera riqueza?

Conforme el tiempo pasó, y la vida me enfrentó con todo tipo de experiencias; mi idea o concepto de la riqueza tomó más forma. Siempre se me facilitó generar prosperidad, quizás influenciada por un sueño en donde era posible encontrar tu "propio tesoro". A la edad de 26 años, pude comprobar que, cuando se presentan las oportunidades, hay que actuar y dar un salto de fe, dejando atrás el miedo. De esta manera, se pueden lograr muchas cosas, y abrirse a nuevas posibilidades. Confié en crear una realidad de abundancia y prosperidad, no obstante, algo me faltaba…

Cuando enfoqué mi atención, en averiguar más sobre el tema de la felicidad, la vida una vez más fue mi maestra y, me proporcionó respuestas.

EJERCICIO

Me encantaría, que contestaras en tu cuaderno o libreta, las siguientes preguntas:

¿Qué es para ti la felicidad?

¿Qué cosas o actividades te hacen feliz?

¿De ser el caso, qué te impide hacer lo que te hace feliz?

¿En verdad crees, que no puedes hacer lo que te produce felicidad, o es solo una creencia?

¡Tú eres felicidad! Quizás la vida, te enfrente a situaciones complejas y dolorosas, sin embargo, la felicidad es tu esencia. Sufres cuando sientes amenazada tu paz y armonía. Si bien se puede considerar una reacción normal, lo que no es normal, es cuando le damos tanto poder a esa situación externa que, pasa el tiempo y seguimos viviéndola, como si aún formara parte de nuestro presente, cuando en realidad, es parte del pasado, y no tiene nada que ver con tu futuro, al menos, que tú así lo decidas.

La ansiedad e incertidumbre por el futuro, es transformada, cuando eliges tu paz en el presente. Al elegir tu paz, permites que aquello que crees no tiene solución, o que percibes como amenaza a tu futuro, sea disuelto, al reconocer tu poder creativo de manifestación.

30 Hábitos Para Ser Más Feliz

"Suelta lo que no te deja ser feliz, que no tiene más poder que el que tu le des. Recuerda que el poder es tuyo, tu eliges cuándo ser feliz"

Te preguntarás tal vez, ¿Liliana, por qué tantos hábitos para ser más feliz? Bueno, no tienes que llevarlos a cabo todos, basta que los leas y te des cuenta, cuáles ya practicas de forma natural, e incorpores otros hábitos, para que observes, qué cambios empiezas a ver en ti y todas las áreas de tu vida.

He observado que, en la medida que sumamos buenos hábitos en nuestra vida diaria, es similar, a sintonizarse con una voluntad superior, que devuelve multiplicado aquello que damos de corazón. Le da un mayor propósito a la vida, y se disfruta mejor cada día, porque al ponerlos en práctica, también haces feliz a los demás.

Desde la niñez, se adquirieren hábitos que, bien pueden ser positivos o negativos, es decir; algunos hábitos ofrecen la oportunidad de crear una vida más sana y feliz, mientras que otros hábitos, alejan aquello que se desea alcanzar.

Cada persona, va creando hábitos, de acuerdo a las influencias que recibe del medio que la rodea; bien sea, el circulo familiar, amistades, trabajo o pareja. El sistema de creencias, valores, sentimientos, experiencias pasadas y expectativas de vida, definen en gran parte estos hábitos.

Todos los días, se puede hacer algo, para vivir mejor y contribuir en la vida de otras personas; convirtiéndose esta experiencia, en una oportunidad para ser más felices.

Como todo en la vida, es importante, que las personas se comprometan y recuerden que, el dar excusas para superarse, es tanto como vivir en negación y no tomar responsabilidad de su propia vida.

Dejar de lado, la falsa creencia de que, todos los demás deben cambiar primero, para ser entonces felices, es un buen inicio. Si has pensado, en que quieres ayudar a otros a transformar sus vidas, ¿qué te parece si empiezas contigo? De esta manera, tu experiencia será inspiración para otros. Seamos entonces, ¡el cambio que deseamos ver en los demás!

30 Hábitos para ser más Feliz

1. Hábito de preguntarle al Universo, Espíritu Santo o Divinidad, ¿qué te gustaría que hiciéramos el día de hoy? Aunque tengas tu agenda preparada, permite que la vida te lleve en su propio flujo, atrayendo aquello que está en resonancia con tu Ser, y confía que todo estará bien.

2. Hábito de Gratitud a la vida Dios y a los demás.

3. Hábito de la Tolerancia.

4. Hábito de Perdonar.

5. Hábito de Respetar la libertad del otro de elegir.

6. Hábito de no Juzgar.

7. Hábito de Crear tu realidad todos los días.

8. Hábito de Contribución y dar Servicio (Grupo de apoyo, donar tiempo, usar tus talentos para el beneficio de otros).

9. Hábito de Ahorrar y manejar con sabiduría tus finanzas.

10. Hábito de disfrutar de tu familia, amigos y pareja, dándoles tiempo de calidad.

11. Hábito de la Amabilidad.

12. Hábito de ser buen amigo, hijo, padre de familia, compañero de trabajo.

13. Hábito de usar Afirmaciones Positivas.

14. Hábito de Sonreír, Reír y Jugar como si fueras un niño. ¿Qué le haría feliz a tu niño(a) interior?

15. Hábito de Limpieza.

16. Hábito de Leer y seguir aprendiendo cosas nuevas.

17. Hábito de Expresar Amor.

18. Hábito de la Honestidad.

19. Hábito de Escribir en tu Diario tus pensamientos y sentimientos.

20. Hábito de la Creatividad: Descubre nuevos talentos y ponlos en práctica; te ayudará a relajarte y olvidarte de los aparentes problemas.

21. Hábito de usar el Poder de la Palabra para edificar.

22. Hábito de Bendecir.

23. Hábito de Ejercitarse (caminar, yoga, tai chi, senderismo, bailar).

24. Hábito de Meditar, Orar, Rezar y Visualizar, cómo deseas vivir y qué deseas manifestar.

25. Hábito de Guardar Silencio.

26. Hábito del Ayuno.

27. Hábito de Mantenerse Enfocado: Al separar tus actividades según su importancia, se te facilitará enfocarte y serás más eficiente; teniendo de esta forma, más tiempo libre para disfrutar.

28. Hábito de Simplificar tu vida en todos aspectos.

29. Hábito de Soñar y tomar Acción para alcanzar lo que se desea, soltando el control de ¿cómo? y ¿cuándo? se manifestará.

30. Hábito de Rendirse a la experiencia de la vida y disfrutar el camino.

Esta es solo una relación, de los hábitos que he observado en mi vida y en la de otros, que contribuyen a una mayor felicidad; por supuesto, tu puedes crear tu propia lista, lo importante es que, estés dispuesto a vivir mejor cada día y compartir con otros toda la belleza que vive en ti.

EJERCICIO

- ❖ Escribe en tu libreta por lo menos 5 hábitos positivos que realizas con regularidad.

- ❖ Escribe por lo menos 5 hábitos positivos que te gustaría adquirir. Puedes apoyarte en la lista de, "30 hábitos para ser más feliz".

- ❖ Elige un hábito que estés dispuesto a poner en práctica inmediatamente.

- ❖ Escribe de forma concreta: ¿por qué razón te gustaría adquirir este nuevo hábito? y ¿de qué forma cambiará tu vida?

- ❖ Pide a una persona positiva y de tu confianza, que te apoye en tu intención, de desarrollar este nuevo hábito.

- ❖ Dedica a tu nuevo hábito, por lo menos 5 minutos al día, todos los días.

- ❖ Registra tus acciones, en tu libreta y escribe, cómo te sientes conforme avanzas.

- ❖ Practica, practica y practica por 21 días seguidos y, habrás creado un nuevo hábito.

Una vez hecho esto, lee tu lista de hábitos, y elige otro, para repetir el mismo proceso. No te sorprenda que nuevas experiencias lleguen a tu vida, y que otras personas quieran hacer lo mismo que tú.

Compártelo con tu circulo de confianza, y apóyense mutuamente. Es válido, que cada vez que adquieras un buen hábito, te premies como una forma de seguirte motivando.

Capítulo 4

Tu Cuerpo

Tu Cuerpo es el Templo de la Divinidad

"Tu cuerpo, no es solo un vehículo en el que te mueves en este plano físico; es el asiento de tu espíritu, que sigue en espera, que le reconozcas y le invites para hacer a través de ti, su gran obra"

Por experiencia, y lo que he observado durante estos años, es que, para disfrutar un cuerpo saludable, se requiere tener, una mente y emociones sanas.

Contactar con lo Divino, no es algo que sucede al azar; es más bien, una preparación que ocurre, en todos los niveles, para que de manera natural, florezca una comunicación, con aquello que, hemos llegado a considerar, ajeno a nuestras vidas; empero, ha estado desde un principio, tan cerca como cada respiración.

Al principio, mientras escribía este libro, mi intención era colocar en orden de "densidad" —por decirlo de alguna manera—, los diferentes niveles o cuerpos del Ser; a manera de plasmar con mayor claridad, lo importante que es reconocer que todas las partes que nos conforman, no pueden ser ignoradas, y por lo tanto, requieren de nuestra atención y manejo adecuado, para que alcancemos la maestría del Ser, quitándole al ego, su aparente poder.

Sin embargo, como habrás leído con anterioridad; la mente, es un aspecto del Ser que, al descubrir cómo funciona, y el impacto que provoca tanto en las emociones como en el cuerpo físico; nos permite tomar conciencia que, en nuestras manos está la llave, para hacer de nuestro vehículo físico; un recinto digno para el alma y el espíritu.

¿Cuántas ocasiones has lastimado tu cuerpo físico?

¿Cuántas veces, lo juzgaste como feo, desagradable, inútil, y enfermo?

¿Cuántas veces, en lugar de darle de beber agua, le diste alcohol, sin que le dieras al cuerpo, la oportunidad de comunicarse contigo; todo lo contrario, quizás quisiste callarle e ignorarle como si lo castigases?

No se trata tampoco, de ser superficial, sobre lo que definas como estético; sino, conscientes de que el cuerpo, cumple una función y un propósito, que no te corresponde, limitar o dañar.

El cuerpo físico, no es solo, un conjunto de órganos, huesos, músculos, sistemas y piel. Es una obra maestra, creada con la finalidad, de que te muevas en este plano y, que recuerdes el potencial que reside en él.

¿Cuántas veces, le has preguntado a tu cuerpo lo que desea? Sentimos sed, y le damos de beber lo primero que viene a la mente solo por placer, en lugar del agua que es vital. Sentimos hambre, y de igual manera, se elige lo primero que viene a la mente, sin tomar en cuenta lo que sería más saludable.

No es mi intención, que te identifiques con tu cuerpo, al punto de creer que es lo único importante. Sin embargo, viene a cumplir una tarea que en ocasiones no le permitimos que lleve a cabo, en su mayor capacidad de expresión.

En algunos casos, cuando una persona, tiene sobrepeso por ejemplo; es una manera, en la que el cuerpo como un espejo, nos refleja el tipo de pensamientos y emociones que se han acumulado a lo largo del tiempo.

Este espejo, bien puede reflejar, vacíos emocionales; tal es el caso, con sentimientos de baja autoestima, desmerecimiento, y desamor de quienes le rodean; buscando así, una forma de llenar esos vacíos, con exceso de comida. En ocasiones, surgen también, como una forma de escape, ante un evento, que produce ansiedad o ira.

Las razones varían según cada situación y persona. Mencioné lo anterior, como ejemplo, para hacer referencia, a la manera en que se ha llegado a agredir al cuerpo, sin estar conciente de ello.

Para sanar un cuerpo físico, hay que ir a la raíz de la situación, observando el sistema de creencias que, yace escondido en el subconsciente, así como, el tipo de emociones que se han experimentado. Mientras, se continúe con una actitud de negación, difícilmente se podrá ver mejoras y cambios en el cuerpo físico.

Imagina por un momento, que tu cuerpo es un vaso de cristal con agua…Tú decides, si le agregas agua pura, o agua sucia. Entonces, ¿qué harás?, cada día, tenemos la oportunidad de agregar agua; por lo tanto, si observas que en el vaso hay agua sucia, puedes vaciarlo y llenarlo con agua limpia. Ésa es tu elección, solo tú puedes hacerlo, y no depende de eventos externos, ya que, basta con elegir tirar el agua que no te sirve, por agua que represente nuevas emociones, para así crear, un cuerpo saludable.

Tu cuerpo cuando se enferma, te está enviando una señal biológica de que no estás viviendo en congruencia. Es decir, tus pensamientos, emociones y acciones no están en armonía.

En el camino espiritual, no se debe ignorar, la importancia de tener un cuerpo saludable.

Cuando una persona, desea involucrarse o adentrarse en un camino espiritual; es muy importante saber, ¿qué tipo de hábitos se tienen?, ¿cómo se está alimentando a el cuerpo físico?, ¿se tiene algún vicio como el alcohol, tabaco o drogas?

Por lo tanto, no basta con tener la intención de querer seguir un camino espiritual. Nuestro cuerpo, es nuestro templo; es el templo en donde mora el espíritu santo, la esencia pura, el amor divino.

Imagina por un momento que, vas a tener un invitado en casa. Por lo regular, ¿qué es lo que haces? Limpias y decoras, para después, sentirte preparado para recibirle, ¿no es así? Lo mismo sucede, con nuestro cuerpo; lo limpias y lo preparas para recibir a un invitado muy especial… El Espíritu Santo.

Contactar con lo Divino, —Espíritu Santo, ángeles, arcángeles, maestros ascendidos—, es más que tener un simple deseo. Es reconocer, quién en verdad eres, e ir cambiando tu percepción, y modificando aquellas creencias y emociones que son un ancla que no te han permitido ser libre.

Cuanto más en armonía se encuentren todos los aspectos del Ser, más limpio estará el canal de comunicación con lo Divino. El camino espiritual, no es una moda, ni tampoco un medio para adquirir reconocimiento o importancia personal. Se vuelve un estilo de vivir, y en la medida que se tome conciencia de ello, todo lo demás, fluirá armoniosamente.

¿Cómo alimentas y cuidas tu cuerpo?

¿En este momento, es tu cuerpo, el templo para recibir al Espíritu Santo?

¿Qué estás dispuesto a hacer, a partir de este momento, para recibirle?

Escuché un susurro una mañana, que me decía: "Para llegar a mí, no se requiere riqueza material, pues es tuya por añadidura, una vez que recuerdas, que eres mi Hijo(a).

Nada que tu crees que está separado de ti, es real. Mas observa en el horizonte, la riqueza que no tiene dueño. De la misma manera, la riqueza que habita en tu espíritu, es la única que se requiere para sentirme, pues de hecho, yo siempre he estado cerca de ti, ¿estás dispuesto a recibirme?"

La Mentira de la Enfermedad

"Mas en tu mente está la semilla tanto de la enfermedad como de la sanidad, solo una es verdadera"

Buena salud, no es solo la ausencia de la enfermedad, es una sensación de armonía y equilibrio. Como he mencionado anteriormente la enfermedad, en la mayoría de los casos, —sin generalizar—, inicia en la mente. Con frecuencia, tanto los desordenes mentales, como los físicos; son efectos secundarios de traumas del pasado, estilo de vida poco saludable, falta de amor y propósito, entre otros.

Entonces, la mente, al estar libre de todo pensamiento erróneo y de separación, el cuerpo físico, por consiguiente, refleja salud; aquella salud que proviene por la unificación con lo Supremo y Divino.

Mas en tu mente, está la semilla tanto de la enfermedad como de la sanidad, y solo una es verdadera. ¿A cuál se le ha dado el poder?, ¿a la mentira, o a la verdad?

Se subestima el poder de la mente sobre el cuerpo, creyendo que el cuerpo, —que es tan solo un vehículo del Espíritu—, proyecta una enfermedad, cuando es justamente la aparente enfermedad, muestra de la mentira. En los momentos en que se elige la verdad, se manifiesta en el cuerpo, la salud.

El dolor físico ya sea por enfermedad o accidente, como yo misma he experimentado; ha sido en su tiempo, la oportunidad de reconocer que, mis pensamientos y emociones no estaban en armonía.

El ver nuestro cuerpo en un estado contrario a la sanidad, es lo que llamamos enfermedad. La enfermedad, se manifiesta en el cuerpo físico, en momentos en que olvidamos que quien debe de residir en él, es el Espíritu Santo; o si prefieres, puedes usar cualquier otro término de tu preferencia, que refleje la parte del Ser que es eterna.

Se crea la idea, que la aparente enfermedad es verdad, cuando nos desconectamos de la Divinidad; aquella que, es quien nos confirió el poder de crear un cuerpo físico, que sería solo instrumento para que el Espíritu, se mueva en este plano físico, de acuerdo a la voluntad divina, que es perfecta y siempre amorosa.

El ego, en su afán de alejarnos del amor, y que vivamos desde el miedo; busca todos los recursos a los que pueda tener acceso, para que vivamos la ilusión de la enfermedad.

No abordaré el tema a profundidad, porque, lo que la vida me ha permitido observar en mí, y en los demás, es que, la salud está ligada a nuestra disposición de abrirse al amor, y de vivir libres de la creencia que, los demás necesitan nuestro perdón. Al hablar del amor, no me refiero al amor del mundo, me refiero al amor que procede de lo Supremo.

Tomé conciencia, que en los momentos en que mi cuerpo físico, presentó la ilusión de una enfermedad grave; fue en momentos en donde permití que el miedo, el rencor, la incertidumbre y separación con la Divinidad, se hiciera presente. Tan real la consideré, que me olvidé, que era solo, una representación, de confiar más bien en la mentira, en lugar de la verdad absoluta.

En un afán por encontrar respuestas, que traigan consuelo; se tiene una idea superficial, y se juzga, aquello que no es razón para juzgar; sino más bien, para recordar que la enfermedad, bien puede ser un camino para la plenitud del Ser, una vez que se reconoce, que no hay enfermedad, sino separación a causa del ego, que no tiene más poder que el que tú le confieras. El poder, solo le corresponde al amor, y al recordarlo, se es libre.

Imagina, que eres un ave, deseas volar porque esa es tu naturaleza. Observas que, te resulta difícil, a causa de unas piedras que se encuentran atadas a ti. Intentas mover tus alas con fuerza en un afán de volar, quizás te elevas un poco, escasos unos centímetros; mientras observas en el horizonte, todo un espacio libre que te invita a volar y explorarlo.

Insistes y te afanas a volar, mueves tus alas con más fuerza y lo que consigues es un cansancio que, te quita el deseo de seguir intentando. En eso, escuchas un dulce susurro, una frase en tu mente, que te dice: "para volar, debes de soltar las piedras, no son parte de ti"… Al instante, recuerdas que efectivamente, esas piedras no son parte de ti, no te definen, no te pertenecen; por lo tanto, eliges soltarlas. Puedes entonces, sentir una ligereza indescriptible, retomas tu fuerza, mueves nuevamente tus alas y emprendes tu gran vuelo hacia el horizonte que estaba en esperando por ti, paciente y amoroso.

De la misma manera, al cargar piedras que no nos corresponden, que no son parte de uno y que elegimos soltarlas; estamos en la posición de emprender el vuelo. Entonces, la salud, se refleja como la verdad que, siempre estuvo ahí, empero, requería que eliminaras la mentira, para entonces poder volar.

En casos de personas llamadas "especiales", mi percepción no es de enfermedad; la enfermedad en todo caso, la proyectan aquellos que, en su separación con la Divinidad, juzgan como malo, enfermo o desafortunado, aquello que, trae consigo la oportunidad, de conectarnos con el amor.

Cuando fallece un infante, por ejemplo; todo tipo de cuestionamientos surgen. Se considera, una experiencia desafortunada, tanto para quien partió a otro plano, como para quien se quedó sumergido en el sufrimiento por la pérdida.

Muchas preguntas, sobre el tema de la enfermedad y la muerte física, se escapan sin aparente respuesta, ante una gama de posibilidades, de lo que el alma busca experimentar; más no siempre, pueden ser comprendidas desde una mente que, se posiciona en el lado del miedo y de la separación.

En momentos de oración, se logra la paz que trae consigo, al abrirse a la rendición ante los acontecimientos que, en su momento revelarán su propósito. Para esto, se requiere un corazón dispuesto a "ver", lo que ante el dolor, no se puede "ver".

Cuando se pide por sanidad, es aceptar que hay una enfermedad presente; cuando lo que ayudaría, bien podría ser; pedir discernimiento y el reconocimiento de lo verdadero; de la salud, como reflejo del amor. Y entonces, el cuerpo físico, será justamente un nuevo reflejo, de aquello que se había considerado enfermo.

Si la mente, creó los pensamientos que detonaron emociones, que a su vez, generaron enfermedad; por consiguiente, la misma mente, puede reflejar la unidad con lo Divino. Pensar en Dios, para que la mente de Dios, se convierta, en la mente de sus hijos.

¿Energía de Sanación, o Cambio de Visión?

"La energía es neutral, lo que la hace que produzca un cambio, es una intención amorosa"

UNA CAÍDA DE MI MADRE, ME HIZO CONECTARME CON UNA ENERGÍA DE SANACIÓN.

Una mañana, mi madre iba a cuidar de mi hija Sophia, que en el año 1995, había cumplido su primer año. Recuerdo con mucha claridad, verla a ella con mi hija en brazos, a la mitad de la escalera de mármol, de su casa. Me quedé unos segundos, viéndolas fijamente, y le dije, "Mamá, ¿sabes qué?, me llevaré a Sophia conmigo al trabajo". Ella insistió en que se la dejara, pero tuve un presentimiento, de que debía de llevármela conmigo.

Salí con mi hija, con la certeza, que era lo más apropiado, que ella se fuera conmigo. Aproximadamente a la media hora; uno de los empleados de la oficina, se acerca con cara de preocupación y me dice que, mi madre había caído por las escaleras. Afortunadamente, uno de mis hermanos, llamó a una ambulancia, y la subieron mientras ella lloraba de dolor, a causa de que tenía una fractura en su pierna.

El dolor por la caída, era insoportable; para colmo, después de la cirugía de rodilla, los médicos olvidaron suministrarle a tiempo su medicamento. En eso, llegué a visitarla y, sentí impotencia cuando ella me contó su desafortunada experiencia, y el dolor que sentía desde hacía unas horas, porque seguía esperando le suministraran su medicamento.

Verla a ella, en ese dolor, lo único que vino a mi mente fue, ponerme en oración. En esa ocasión pedí a Dios, me ayudara a ser instrumento para que mi madre, dejara de sentir dolor. Tiempo atrás, yo ya había tenido una experiencia con mi madre, cuando ella sentía un malestar muy fuerte en su abdomen. En esta ocasión, sin embargo, era algo mayor.

Al principio tuve mis dudas, pero la experiencia anterior con ella, me dio más confianza, en creer que Dios siempre responde a nuestras oraciones. Mientras hacía oración, una voz suave y amorosa, me dijo; "No temas, imagina su pierna sana y a ella sin dolor; y yo haré mi parte". En ése momento, no dudé, era una sensación muy especial, que me brindaba serenidad y confianza.

Mis manos, como sin voluntad propia, se colocaron justo en la parte superior de la rodilla afectada, y le pedí a mi madre que cerrara sus ojos. Claramente, sentí una fuerte energía que entraba por la parte superior de mi cabeza, y que iba bajando por mi cuello y hombros, hasta pasar por mis brazos y manos. Mi visión, fue la de una hermosa luz verde con blanco que brillaba, e iba introduciéndose en la herida.

Perdí la noción tiempo, al momento que yo también cerré mis ojos, mientras permitía que mis manos se movieran con libertad. Sentía como si flotase, mientras que la energía seguía fluyendo con intensidad. Al momento de abrir mis ojos, vi que se acercaba mi hermano mayor, y me hizo un gesto, para que continuara con lo mío. Al terminar, pude ver que el rostro de mi madre, no mostraba dolor, estaba muy relajada.

Cuando me acerqué para preguntarle cómo se sentía me dijo: "¿Qué me hiciste?, Sentí como un calor intenso, que me ha quitado totalmente el dolor".

No puedo asegurar lo que sucedió esa fría mañana; lo único que tengo presente es que, hice lo que esa voz suave me sugirió, "No temas, imagina su pierna sana, y a ella sin dolor, y yo haré mi parte".

¿Fue una energía la que contribuyó en el bienestar de mi madre?, ¿Fue tener una visión de sanidad y no de enfermedad?, o ¿Ambas cosas? No lo sé, mas de lo que sí tengo certeza, es que, en ésa habitación, se sentía una energía poderosa, como si alguien más, —invisible al ojo humano—, se encontraba presente, llenando el lugar.

Pese que han pasado muchos años, para mí, es como si hubiese sucedido ayer. Todo está muy claro en mi memoria.

Algo hermoso sucedió, y me recuerda que, podemos "ver" a la persona saludable, en lugar de la enfermedad y el dolor; para que entonces, Dios haga su parte. Hacernos a un lado, ante lo que consideramos difícil o imposible, es una postura no solo adecuada, sino que, permitimos a Dios ser Dios.

Tratamiento para mi corazón, sin medicamento

En el mismo año de 1995, me diagnosticaron insuficiencia cardiaca. La insuficiencia cardíaca, se puede presentar repentinamente, y puede llegar a ser una afección prolongada (crónica), y es causada por diferentes problemas del corazón.

La enfermedad puede afectar ya sea el lado derecho o el lado izquierdo del corazón. Con frecuencia, ambos lados del corazón resultan comprometidos.

La insuficiencia cardíaca, se presenta, cuando el miocardio, no puede bombear o expulsar, la sangre del corazón adecuadamente. A esto, se denomina insuficiencia cardíaca sistólica. Por otro lado, cuando los músculos del corazón están rígidos, y no se llenan con sangre fácilmente, se le denomina insuficiencia cardíaca diastólica.

Para mí, fue una sorpresa, cuando después de una crisis, me llevaron al médico para realizarme diferentes estudios; hasta que, el diagnóstico fue insuficiencia cardiaca. Una parte de mí, se sentía desconcertada, en la familia, no se había presentado una situación así, y mi pregunta era, ¿Pero, cómo es esto posible?, ¿qué sucederá ahora?

Bueno, los médicos me habían recetado medicamento, que era importante lo tomara prácticamente de por vida. Una parte de mí, se resistía a aceptarlo como una realidad en mi vida; más aún, después de que ya había tenido bellas experiencias, en el cual era posible gozar de salud, una vez que, se elegía tener una visión de un cuerpo saludable. ¿Y ahora, yo tenía insuficiencia cardiaca?

Mi siguiente pregunta fue, ¿qué tengo que aprender de esto?

Mi respuesta, la vine a encontrar, al momento que pude identificar, como una serie de eventos y experiencias en mi vida, que tuvieron un fuerte impacto, fueron un detonador, una vez que no les había prestado la atención y trabajo personal adecuado.

Permití que las emociones se fueran haciendo más fuertes, en lugar de liberarlas. En mi afán de mostrarme serena ante los demás; lo único que logré fue que un día, cuando menos lo esperé, me provocó una crisis, al punto que el médico, se vio en la necesidad de inyectarme para tranquilizarme.

Tuve que enfrentar además, que la idea de continuar, en una relación que nunca tuvo las bases para que creciera firme ante las pruebas de la vida, había llegado a su fin. Hice entonces, un inventario de mi vida, y en lugar de buscar soluciones para continuar en ella, me regalé la oportunidad, de ser generosa conmigo. Empecé entonces, a pensar en mí y no tanto en las expectativas de otros; evitando así, ponerme en el último lugar de mi vida. Por primera vez, en mucho tiempo, estaba pensando en lo que realmente deseaba.

La meditación, y la visualización creativa, fueron clave para comunicarme con mi cuerpo y preguntarle qué era lo que requería para restaurar mi corazón. Vinieron a mi mente, cambios en mi estilo de vida, que eran importantes hacer; así como contactar con lo divino, creando mayor comunión para recibir apoyo en todas las áreas de mi vida, y así lo hice.

Empecé, por expresar lo que deseaba, al igual que, aquello que no deseaba. Dejé de ser víctima de los demás y de las circunstancias, tomando así, absoluta responsabilidad de mi vida; alejándome además, de todo aquello, que no venía a ser una contribución positiva en mi vida.

Me resistí a tomar medicamentos, y opté por lo "natural", así como a cambiar mi percepción y el tipo de emociones que tenía. Incluí en mi vida diaria, diferentes hábitos que producían en mí, un sentimiento de paz y felicidad. Corrí el riesgo, de hacer lo que mi intuición me decía; afortunadamente hasta el día de hoy, los médicos se han sorprendido, como después de 20 años, sigo saludable, con un corazón que, —aunque no debo de ignorar cuidarle—, los estudios médicos, han arrojado resultados positivos.

Mi punto de vista es que, hay que aplicar en nuestra vida, lo mejor de la ciencia, espiritualidad y la capacidad que todos tenemos de cambiar o mejorar aquello que, aparenta ser enfermedad, sufrimiento, desdicha o desamor. Hay eventos en nuestra vida, que son un gran aprendizaje; lo importante es, realmente aprender de ellos, y continuar creando un presente con nuevas posibilidades.

Reflexionar, hasta qué punto, uno mismo ha creado su propio caos, es importante; sin que por ello, busquemos nuevas razones para seguir culpándonos. Simplemente, tomar conciencia y a partir de ese momento, cambiar o mejorar lo que sea necesario.

¿Qué estás dispuesto a hacer el día de hoy, para gozar de un cuerpo saludable?

¿Cuántas veces, sin darte cuenta; estás imitando la vida, costumbres, hábitos, y padecimientos de tus familiares o ancestros?

Si al proyectar una aparente enfermedad, te preguntaras: ¿Esto que siento como real en mi cuerpo, es mío o es la proyección de alguien más? Presta atención, a cualquier imagen que recibas o información que te ayudará a "ver" lo que antes no veías por estar enfocado en el problema.

Si todos estamos unidos, e interactuamos unos con otros de diferentes maneras, ya sea por medio de la tecnología, relación directa, conexión mental o emocional, etc. Entonces, cómo cambiaría tu vida, si descubres que no eres tú quien está enfermo?

¿Qué pasaría en tu cuerpo, si soltaras las emociones, pensamientos, juicios y creencias de los demás? ¿Qué tan saludable, podrías llegar a ser?

Aunque tu alma, haya elegido vivir determinadas experiencias, con el propósito, de adquirir una mayor consciencia; no es lo mismo, vivir esa experiencia con humildad y rendición amorosa, que con una resistencia, que agudice el sentirse miserable o víctima de las circunstancias.

Diferencia entre Sanación Espiritual y Energía de Sanación

"Vi en mi hermano, un cuerpo sano que reflejaba la verdad, y no la ignorancia, a causa del olvido, de su origen divino"

El ser humano, además de su cuerpo físico, mental, emocional y espiritual, posee un cuerpo energético, —energía vital—, que ha sido llamada también "ki," "chi," y "prana."

Un desequilibrio en el cuerpo energético, tiene también un impacto en el cuerpo físico, provocando diferentes padecimientos y enfermedades. De hecho, el ser humano, para gozar de una buena salud, debe de tener en balance cada uno de sus cuerpos. No debe de ignorarse ninguno, ya que al estar todos interrelacionados, lo que afecta a uno de ellos, igualmente a los demás.

La enfermedad, es semejante al olvido e ignorancia del potencial del Ser, que presentará en algún momento de la existencia, aquel desequilibrio que fue ignorado desde el principio.

En todo tratamiento, el paciente debe de estar dispuesto y dar permiso, para que se lleve a cabo ya sea la sanación espiritual o de recibir energía de sanación. Una buena disposición, marca la diferencia; de lo contrario el esfuerzo por tratarle, es minimizado por la misma ignorancia, falta de fe, y juicios sobre sí mismo.

La sanación espiritual y energía de sanación, comparten el mismo objetivo. La diferencia principalmente, es la manera en cómo es tratado. En la sanación espiritual por ejemplo, se afirma, una verdad absoluta sobre la perfección del cuerpo; es decir, la visión del cuerpo saludable y en plenitud, como el estado real de la persona.

Un tratamiento espiritual, a personas, con diferentes padecimientos; se apoya en el uso creativo y sugestivo de la mente, así como de la visualización, palabras de poder, intención amorosa y conexión espiritual.

Por otro lado, un tratamiento de energía de sanación, una vez que el "intercesor" —aquel que intercede ante Dios por el paciente—, recibe la energía divina o cósmica; para dirigirla por medio de la vista o manos, a el paciente. La energía, hará con la ayuda de la intención amorosa, su trabajo de restauración de la salud.

El "intercesor", —como instrumento de Dios, mas nunca para vanagloriarse—, ha de ser su preparación y vida, el reflejo de la creencia primordial, de que la enfermedad es solo ignorancia e ilusión. Es importante, tener esto presente en todo momento, de lo contrario, sería el equivalente, a identificarse con la historia y enfermedad del otro.

Tu Guía interno, ayudará a elegir el tratamiento adecuado para el paciente, según su situación; sin ignorar que es la Divinidad en todo momento quien opera por medio del "intercesor", y con el permiso del paciente.

El "intercesor", no sana; es más bien, la nueva "visión" y la Divinidad por medio de la energía cósmica que hace que ocurra lo que llamaríamos, milagro.

Tú Eres tu Propio Sanador

"Dentro de ti se encuentra todo el conocimiento para sanarte; mas se requiere que la venda de los ojos sea quitada, para "ver" lo que es verdadero y eterno"

En la constante duda en la que se vive, sumergidos en una ilusión falsa, que no permite reconocer aquello que es la verdadera naturaleza del Ser; se adentra en un estado de "parálisis espiritual". Se tiene la impresión de no avanzar, e inclusive de retroceder.

¿Qué tomaría para que, cada uno, vuelva su atención en el poder que es nuestro por derecho de consciencia?

Cuando usamos términos o palabras que señalan que existe una enfermedad, ésta se hace más obvia, y por lo mismo, se enfatiza la creencia que originó el padecimiento. Pregúntale a tu cuerpo qué necesita, recordándole, que su estado natural es salud.

Cuando tomé conciencia y me rendí a la experiencia que yo misma provoqué, mi cuerpo reflejó la nueva creencia, de que, se puede gozar de salud, si así lo permitimos. Si por el contrario, no se toma conciencia y se resiste al cambio, nuevos padecimientos se hacen presentes.

En la conciencia se encuentra la sanación, y en la presencia de Dios en acción, al cargo de tu cuerpo y emociones, a partir del momento en que le reconozcas.

A CONSIDERAR...

Permite que tu Guía interno, te dirija hacia escoger entre una sanación espiritual o energía de sanación, confiando en tu entendimiento intuitivo.

Cuando se alimentan falsas creencias, con respecto a la salud; el cuerpo físico, seguirá siendo el reflejo de aquellas ideas que han alimentado con el paso del tiempo.

Creer que estamos obligados a cumplir con las exigencias o expectativas de otros, nos enferma.

Evita aceptar la enfermedad en ti o en los demás. Si deseas contribuir en su vida, que tus pensamientos, sean el reflejo de la creencia, que la salud es la verdad del Ser.

Nadie puede curar a nadie, ni tampoco, nadie puede hacer por los demás, lo que no haces por ti primero; eso también es una ilusión.

Presta atención, en la calidad de vida que deseas para ti, y deja que los demás vivan su propia vida. Sé el ejemplo en todo caso, y permite que cada quien viva la experiencia, según aquello que elige.

Que tus hábitos, sean el camino a tu sanidad, y la preparación de tu cuerpo, como el templo de lo Divino.

Liberarse de las culpas y remordimientos sana. Tu cuerpo refleja, la necesidad de tu Ser, por ser liberado.

Comunícate con tu cuerpo, es parte de ti, mas no te identifiques. Solo permite que la relación con tu cuerpo vaya en aumento de una calidad de vida, y no en detrimento.

5 Formas para Equilibrar tu Energía

"Más que un cuerpo, somos energía, que se expande hacia el infinito cuando tomamos conciencia, de la fuente ilimitada de la cual provenimos; y a la que regresaremos, en el tiempo del no tiempo, la cual llamamos Dios"

Si todo en el universo es energía, los pensamientos y emociones son energía en movimiento, creando una realidad, según la calidad de las mismas.

El ser humano, puede percibir y hasta absorber, la energía tanto de los lugares, como de las personas con las que se relaciona. De hecho, lo interesante es que, el impacto que tienen las emociones y los pensamientos que se envían a otros, no está limitado por la distancia. Basta en ocasiones, una llamada telefónica con otra persona, que se encuentre en un estado alterado, para que aquel que le escucha, sienta como drena su energía. No pretendo decir con esto, que sucede todo el tiempo, pero sí con frecuencia.

Para aquellas personas, que son muy sensibles; les ha sucedido que absorben de otras personas y ambientes, energías de ansiedad, miedo, enojo y estrés; provocando de esta manera confusión. No están seguros, si esas emociones son generadas por ellos mismos, o las absorben del exterior.

Hay formas simples, para equilibrar la energía. Las puedes realizar, una vez por semana, o al momento que sientas pesadez en la parte baja del cuello, hombros y espalda.

1.-Desintoxicación: Los químicos y estimulantes nos hacen más vulnerables a la ira, rencor, ansiedad y depresión. Al evitarlos, los pensamientos son más claros, y las emociones están en un mayor equilibrio. Busca formas naturales de desintoxicación física, liberación de emociones y cambio de percepción sobre aquello que consideras no va de acuerdo con tu forma de pensar.

2.-Música para el alma y el cuerpo:

La música, para mí, es alimento para el alma. El efecto positivo que se tiene al escuchar sonidos binaurales, música de relajación con sonidos de la naturaleza, o música clásica, ha sido razón de investigación científica, sin embargo, basta con que te regales unos minutos al día para escucharla, y sentirás que aquello que te molestaba o irritaba, pierde su poder. La música relajante, es un medio excelente para Contactar con lo Divino y entrar en un espacio de paz y armonía.

3.-Permite que la naturaleza, te envuelva:

Caminar frente al mar, ir a caminar en un bosque, campo o jardín; es otra forma de limpiar nuestra energía. El beneficio es porque, son lugares abiertos, y tanto como el mar, las flores y los árboles, tienen su propia energía que nos envuelve, limpiando y armonizando nuestro Ser. Caminar descalzo en la tierra, arena, orilla de un río o mar, mientras visualizas que toda negatividad sale por las plantas de tus pies y es absorbida por la tierra, es una de mis prácticas preferidas.

Cuando tengo oportunidad, me voy a caminar a un lago que se encuentra a cinco minutos de mi casa, disfruto mucho al llevarme a mi perrito y compañero fiel. Las cosas sencillas como el contacto con la naturaleza es una experiencia única. Puede ser utilizada, para percibir con todos tus sentidos tu poder sanador, o simplemente para contemplación.

4.-Tomar siesta: No hay cosa, que disfrute más a medio día que tomarme una siesta por lo menos de 20 a 30 minutos, cada que tengo la oportunidad de hacerlo. Me relaja, refresca mi mente y renuevo mi energía. De esta forma, no hay como volver a tus actividades con una actitud de mayor serenidad y entusiasmo.

5.-Oración, Meditación, Visualización y Practicar el Silencio: Sin importar tu filosofía de vida o religión; la oración, meditación, visualización y la práctica del silencio; tienen un efecto en todos niveles, así como en la salud y la longevidad. Practicarlo todos los días, —preferentemente—, es uno de los mejores obsequios que puedes darte. Es tu espacio sagrado, en donde lo que parecía imposible, se vuelve posible; en donde había la ilusión de la separación, se tiene un reencuentro con la unicidad; y en donde sobraban las palabras, el silencio te permite entonces recibir guía y enseñanza divina.

Practicar cualquiera de los 30 hábitos para ser feliz, junto con las diferentes prácticas y herramientas de este libro, aligerará tu día, equilibrará tu energía, y te llenará de vitalidad. ¿No crees, que vale la pena?

En mi Cd *Contactando con lo Divino*, podrás encontrar la visualización guiada *Liberación de Emociones Negativas con el Arcángel Rafael*; así mismo, en este libro incluyo, el guión de la visualización, que podrás utilizar, si así lo prefieres.

Sanando al Planeta

"La madre tierra, es una madre amorosa que ha brindado todo a sus hijos, para que nada les falte; mas es responsabilidad de los hijos, cuidarla y amarla"

He perdido la cuenta, de las veces que escuché que el fin del mundo estaba cerca. Sobre todo, en los días cercanos al año 2000. El tema del fin del mundo, aún lo sigo escuchando, y lo interesante es que, como colectivo, muchos hemos soñado, catástrofes naturales, destrucción masiva, y en consecuencia la desaparición de la especie.

¿Será que es una premonición? O quizás, ¿es tanta la información en diferentes medios de comunicación, que tienen nuestras mentes contaminadas por el miedo?

Por *Ley de causa y efecto*, no es de sorprenderse, todos los cambios climáticos y del entorno que se observan, ante la falta de conciencia para cuidar y preservar nuestro planeta.

Si las emociones y los pensamientos son energía, ¿te puedes imaginar, el impacto a nivel global que esto tiene?

¿Te ha sucedido, que entras a un lugar y sientes la energía pesada? Bueno, ahora ¡multiplícalo por los más de 7 billones de habitantes en este planeta! Entonces, ¿de qué manera nuestro planeta podría liberar toda esa energía negativa?

¿Cómo podríamos contribuir para que esto cambiara?

Mi punto de vista es que, una vez que se reconozca, el poder que tenemos para sanar el planeta; se tendrá más cuidado, en el tipo de pensamientos y emociones que se creen constantemente.

Imagina por un momento, que cada vez que venga a tu mente un pensamiento y sentimiento de miedo y separación; visualizaras un mundo hermoso, y repitieras —con autoridad—, mentalmente o en voz alta lo siguiente:

∼Declaración de Amor para el Planeta∼

"Me uno a la visión divina, de vivir en un mundo lleno de amor,

Mi mente y emociones son una, con la mente de Dios,

Todos somos uno, por lo tanto, no existe la separación,

No somos este cuerpo, somos espíritu, somos hijos e hijas de la Divinidad,

No hay temor sobre lo que vendrá, pues en mi corazón está la certeza que todo es perfecto, ¡aquí y ahora!

Mi Ser, está en Paz, Gozo y Armonía Perfecta,

Nada nos falta, porque hay sobre abundancia en este mundo,

El miedo es una ilusión… Solo el amor es real".

Capítulo 5

Tu Ser Espiritual

"Y en mi sueño vi, que todo era bello; que yo era el agua, el árbol, la montaña, los animales, el cielo mismo, y entonces, sentí a Dios"

¿Quién es Dios-Mente Universal?

"Al principio existía la palabra y la palabra era Dios"

Y si todo lo que hemos creído de Dios no es verdad? Durante mi niñez, crecí escuchando todo tipo de definiciones sobre quién es Dios, tanto por parte de la familia, amistades, y diferentes religiones.

Desde frases como "Dios, te va a castigar", "Los ricos no entrarán al reino de Dios", "Si no haces caso te irás al infierno", "Si Dios existiera, hubiera contestado a mis oraciones" y la lista puede continuar. Una parte de mí, se negaba a creer en un Dios que, al primer error, te castigaría o te enviaría directo al infierno.

En mis clases de catecismo previas a mi primera comunión, nos enseñaban que Dios estaba sentado en su trono en el cielo; entonces, siempre volteaba hacia arriba tratando de verlo y jamás lo logré. Me causa gracia, solo de recordarme a mí misma con la ilusión de algún día ver a Dios en su trono y me sonriera.

Conforme fui creciendo, muchas de las ideas y conceptos sobre Dios, dejaron de ser una influencia para mí. Sí me cuestionaba, por qué si Dios es Omnisciente, Omnipresente, y todo poderoso; había tanta hambre, enfermedad, muerte y dolor. Pensaba, ¿Dios, si eres nuestro Padre, por qué no eliminas todo sufrimiento?

Para poder comprender más, tomé la decisión de visitar diferentes templos y religiones, así como investigar y leer todo lo concerniente a Dios. Desde los grandes avatares antiguos como: Jesús, Buda, Mahoma, Krishna; hasta maestros como Paramahansa Yogananda, Dalai Lama entre otros, por citar unos ejemplos.

Desde hace miles de años, en las enseñanzas orientales se sabía que todo es vibración. El universo es sonido, —Nada Brahma—, Brahma es el nombre de Dios, es el creador del universo, en donde el artista y el arte son inseparables.

Platón, —partidario de Pitágoras—, creía que había una llave secreta que unificaba todos los misterios del universo. "Es a la llave, que regresaremos a lo largo de nuestra exploración. Es la mente de Dios. Solo vemos la parte exterior de la mecánica oculta de la auto semejanza."

A Dios, se le han dado varios nombres, desde Consciencia Cósmica, Consciencia Universal, Jehová, Primera Causa, Divinidad, Todo lo que Es, Flujo de Conciencia, la Esencia Eterna del Ser, el Espíritu Divino, Vibración, Energía Absoluta, Akasha, Padre-Madre.

※

Uso diferentes términos, sin embargo estoy refiriéndome en todo momento, a la Mente Universal, que lo incluye todo y de la que somos parte; a la energía que está en constante movimiento y creación, rebosante de amor y que no juzga.

He observado que, todo tipo de juicios y definiciones que se han hecho sobre Dios, ha traído en consecuencia, que muchas personas no crean. Y a decir verdad, yo tampoco creo. No creo, en las definiciones limitadas que he escuchado a lo largo de mi vida; solo creo que existe, una inteligencia o mente que lo incluye todo y que nuestras palabras, son limitadas para expresar tal grandeza.

Dios no se puede medir, por lo tanto, no se trata de comprobar su existencia. Podemos observar, que existe su manifestación y creación constante y que, detrás de todo eso, hay una Mente. Una mente, que similar a el director de una orquesta, lleva de manera magistral la armonía de cada uno de los elementos que la conforman.

Lo que consideramos importante en nuestras vidas, en ocasiones nos distrae de apreciar la belleza y orden en todo lo que nos rodea. Los animales, plantas y flores; los ríos, mares, y el cielo mismo, son testigo de que hay un orden de creación que sostiene y equilibra todo. Sin embargo, la falta de conciencia del ser humano, en su ignorancia, ha destruido en lugar de contribuir al mantenimiento natural de la vida.

Considero que, somos un micro cosmos, que a su vez, forma parte de una macro cosmos. Erróneamente, se tiene la creencia de que existe separación, cuando es solo la ilusión de separación.

Cada persona, puede experimentar a Dios de forma distinta; cuando juzgamos la manera en que, cada quien vive su relación con Dios, entonces aquel que juzga, se convierte en la razón de la separación.

¿No es acaso Dios, el creador y arquitecto de todo aquello que existe? ¿Por qué pretender, que otros perciban a Dios, de la manera en que consideramos es correcta?

Al igual que un jardinero experimenta a Dios mientras trabaja, al momento de percibir el aroma y la belleza de las flores; de igual manera, una persona tiene su experiencia personal con Dios, durante la meditación y oración. Cada experiencia es única y personal.

Puedes elegir momentos durante el día, dedicados a contactar con la Divinidad; sin embargo, considerando que lo incluye todo, que es infinito y todo amor; en cada segundo de tu vida, Dios está presente.

Sin importar cómo lo llames o definas; nada puede negar su existencia y cuando te detienes un momento a observar tu entorno, usando todos tus sentidos para percibir más allá de lo superficial; entonces, tú tomas conciencia de la unión con el todo, y justo en ése instante, tienes la oportunidad de cocrear una realidad que te inspire un sentimiento de paz.

Acostumbro a salir a caminar, por lo menos dos veces durante el día, con mi perro. Mientras camino, disfruto de observar las flores, los árboles, y el cielo con sus diferentes tonos y matices; al hacerlo con una intención clara de conectarme con la Divinidad, todo se vuelve más brillante, los olores se mezclan formando un aroma único y exquisito. Me pregunto: ¿Cómo se ha creado todo esto sin esfuerzo?, ¿cómo es que en ocasiones dejamos de apreciarlo?

Al momento, doy gracias a la vida, por cada flor, árbol y todo cuanto observo en mi camino, con el mismo asombro, que me provoca el apreciar el arte en todas sus formas, ya sea, música, pintura, escultura, y hasta la ciencia misma. En cada una de las expresiones, creadas por la Divinidad y el hombre; se puede apreciar, la sublime inspiración a la cual se la da forma, para aquellos, que estén dispuestos a apreciarla.

Es personal, el nombre que se desee utilizar, al referirse a Dios, —Divinidad o Mente Universal por ejemplo—, sin embargo, más allá de un nombre, si tan solo nos rendimos a la experiencia de unión, sin crear juicios o definiciones limitadas, estaremos frente a una nueva posibilidad de acceder a un nivel mayor consciencia.

Lo que Dice la Ciencia y la Religión de Dios

"Cuando la conciencia se queda inmóvil, se comprende la ilusión, pues es la conciencia misma la que genera la ilusión."

Dios, es la raíz común de todas las religiones; muestran un vínculo entre el mundo interior y exterior. La ciencia y la religión intentan explicar la razón de la existencia del universo desde diferentes perspectivas, ambas igualmente valiosas, sin embargo, pareciera que no hay un punto medio, que nos brinde un enfoque en donde ambas se unan y concuerden.

La Religión es quien trata el tema de la existencia de Dios, se basa en la fe misma. La ciencia, por otro lado, no cree en los milagros; se enfoca en explicar las cosas racionalmente. Lo ideal sería quizás, evitar caer en un extremo o el otro; sin embargo, posiblemente cada una, hace justamente su función.

El evangelio de Juan dice, en el principio era el Logos —refiriéndose a la palabra—. Por medio de la meditación, al observar el mundo interior, podemos entramos en contacto con el Logos.

Como mencioné antes, desde hace miles de años, en las enseñanzas Védicas, se sabía que todo es vibración. El universo es sonido, (Nada Brahma), Brahma es el nombre de Dios es el creador del universo; en donde el artista y el arte son inseparables; ya que hay una fuerza y energía en todo.

Se le ha denominado también, Akasha. Mientras que, Nicola Tesla —de origen, serbio americano y el responsable del descubrimiento de la electricidad de corriente alterna—, tenía interés en las enseñanzas védicas, y esto mismo lo hacía encontrarse en una posición única, para poder comprender la ciencia, desde el punto de vista oriental y occidental.

Tesla, estudió con el Yogui Swami Vivekananda quien vino a occidente a traer enseñanzas védicas. Utilizó justamente, el término Akasha, para referirse a el espacio etéreo, que se extiende a lo largo de un todo.

Tesla, Einstein, Pitágoras, Leonardo Da Vinci, —por citar solo algunos—, han llegado al umbral del misterio. Einstein dijo: "La principal fuente de los conflictos actuales entre las esferas de la religión y de la ciencia yace en el concepto de un Dios personal".

Dios, está más allá de un proceso de verificación de la ciencia; me parece más bien que, es soberbia, creer que la ciencia y la religión tienen la última palabra sobre la existencia o no existencia de Dios, la creación del universo o la vida misma.

La teoría del Big Bang, explica que el universo se formó por medio de una explosión, hace más de 15 millones de años. Al momento del Big Bang, lo que se expandió con rapidez fue la unidad básica de energía electromagnética que es el fotón, —quantum de luz—.

Se cree que la vida existe desde hace 3,700 millones de años, del cual la ciencia deduce que durante los primeros 3,000 millones de años la vida fue unicelular, solamente bacteria.

Por otro lado, de entre millones de espermatozoides y un óvulo, nacimos cada unos de nosotros; de la misma manera, lo hicieron nuestros padres y ancestros. ¿Acaso, somos producto de la casualidad? o ¿quizás, desde un principio, todo obedece a un propósito?

Somos la semilla que ha dado fruto, procedente de una larguísima extirpe; de la cual, filósofos y matemáticos, han querido llegar a la ecuación de la existencia misma de la humanidad.

Cada uno, somos el milagro; una pieza única en la historia de la humanidad. Somos privilegiados, de estar en la tierra que nos ha acogido, y de la cual somos responsables de cuidar y contribuir, sembrando semillas de amor para la paz mundial.

Para quienes deseamos comprender a profundidad sobre la existencia de Dios; una interpretación basada en cualquiera de los lados de la balanza, lejos de aclarar crea más confusión y división. Mi punto de vista es que, Dios es indefinible, e inimaginable; omnisciente y omnipresente, y más que buscar comprensión, es vivir la experiencia de una relación con la Divinidad, de manera individual, más integrada con un todo.

Si tanto la religión como la ciencia estuvieran cada una en lo correcto, ¿no se habrían resuelto todos los conflictos de la humanidad? ¿existirían guerras que roban los sueños de tantos inocentes en el mundo?

¿Qué tercera energía o influencia es necesaria para que la balanza quede en un estado de equilibrio?

¿Es acaso, que cada uno de nosotros, somos la tercera energía para el equilibrio, según su propia intención y nivel de consciencia?

"Soy partidaria de la ciencia, de la misma manera que, por medio de una experiencia personal, tengo presente que existe un orden en el universo y que tiene un propósito, que se encuentra en gran parte, lejano al entendimiento de la humanidad en su estado actual de conciencia."

Si pienso que el universo no tiene ningún propósito, entonces sería tanto como llegar a la conclusión, de que como humanidad, tampoco tenemos un propósito, en el cual somos simples viajeros a la deriva.

Salir del letargo en el que nos encontramos, será entrar al umbral en donde todas las respuestas ya no son necesarias; pues no habría más preguntas, ante una verdad absoluta, que forme parte de una nueva realidad.

Reflexiones sobre Dios

"En el espacio de mi templo sagrado, creí que le tenía que buscar, mas en el silencio recordé, que siempre había estado a mi lado"

En momentos en donde me he encontrado en silencio, con la apertura de escuchar asistencia y guía, han venido a mi mente diferentes reflexiones que las guardo con cariño, ya que recurro a ellas cuando la situación lo requiere.

~*El silencio de Dios*~

Cuando pidas algo y transcurra el tiempo y nada pase... Espera en Dios

En tus momentos de desesperación y falta de fe... Espera en Dios

Cuando te preguntes, ¿en dónde estás que no te siento?... Espera en Dios

Durante la fría tormenta, que parece eterna... Solo espera en Dios

Recuerda que Él, conoce mejor que nadie, los deseos de tu corazón; pero también sabe mejor que tú, lo que te conviene y necesitas para formar tu carácter.

Abre tu mente y corazón a Dios, permite que tus pasos sean guiados, y confía en que todo es y será siempre, según su amorosa voluntad. Mientras tanto, regocíjate en *Él*, y ¡sigue adelante!

~*En momentos de dificultad y pruebas*~

"Aún cuando sientas, que el agua te cubre y no puedes salir a flote, recuerda que, Dios está siempre a tu lado, esperando que confíes para hacer su obra en ti.

No te resistas, mejor entrega a Dios tu dolor y preocupaciones, para que recibas su dirección, apoyo y fortaleza para enfrentar y superar cualquier prueba en el camino.

Todo es temporal, aún aquello que parece no tener fin. El único fin que encontrarás, es la disolución de tu dolor una vez que le reconozcas".

~Comunión con Cristo~

Cada día que pasa, en el cual, olvidas lo importante que es tu comunión personal con Cristo, malgastas la posibilidad de experimentar la paz y armonía que trae consigo la unidad con lo Divino.

¿Qué esperas que pase? ¿Cuánto tiempo necesitas para aceptarlo en tu corazón?

El tiempo es ahora, no sea que un día te alejes tanto, que te resulte casi imposible reconocerle.

~Comunión con Dios~

Que tu comunión con lo divino, sea en privado, en pleno regocijo de tu corazón...

En el silencio escuchamos la voz divina, en la muchedumbre la distracción predomina...

No necesitamos demostrar a nadie nada, solo el Creador conoce realmente nuestro corazón y eso es suficiente...

Si reconoces lo que es verdadero y eterno, el alma no tiene nada que temer...

Solo el que se rinda a la experiencia y voluntad divina, encontrará el verdadero propósito de su existencia...

~Comprender el Amor de Dios~

No importa que algunos no comprendan tu amor a Dios. Siempre, habrá personas que por afinidad, se unan contigo, para contribuir a la humanidad.

Dios, siempre te allegará, a aquellas personas, cuya frecuencia vibre en el amor divino, en donde los egos serán disminuidos por la causa, la causa que es la verdadera razón por la que estás aquí, y que crees haber olvidado.

Evita prestar atención, a todo tipo de opiniones, ya que cada cual, hablará según su experiencia, percepción y consciencia.

Deja que el amor de Dios, fluya en todo tu Ser, y que sea tu devoción, un medio para servirle.

Diferencias entre el Espíritu, Alma y Ego

De acuerdo a las enseñanzas de diferentes religiones y filosofías de vida, el ser humano está compuesto por un Espíritu, el Alma y un cuerpo físico. Y aunque ambos términos se usan en ocasiones, de forma alternada, según referencias hay diferencias. Mi intención no es ahondar al respecto, persuadir o crear controversia, simplemente para efectos de referencia, comparto los siguientes conceptos.

Cuerpo físico:

Se le llama también, el vehículo que nos permite movernos en este plano físico y el cual toma vida a través del espíritu.

Espíritu:

La palabra espíritu viene del latín "spiritus", que se refiere al aliento, y "aliento" significa vida.

En la Biblia, la palabra ruah (רוח, su significado es "viento") el cual es traducido como espíritu de esencia divina; lo que entendemos como Espíritu Santo.

Dejando de lado por un momento el significado religioso, el término "el espíritu" se refiere a la idea de que todos los "espíritus" forman parte de una fuente mayor o energía divina. Los términos, varían según las creencias religiosas y filosóficas.

Existen muchas creencias de que el espíritu abandona el cuerpo al morir; sin embargo, por diversas experiencias personales, considero que, el espíritu no muere, solo se transforma, a fin de manifestarse en diversas formas. Más allá de la creencia individual, es recordar que, la relación que existe entre el Ser y la Divinidad nunca muere.

Alma:

Por otro lado, el término alma del latín "anima", se refiere a una entidad inmaterial e invisible que poseen los seres vivos, cuyas propiedades o características varían, según las creencias filosóficas o religiosas.

A el alma, —según algunos expertos—, le corresponde sentir emociones, experimentar sentimientos, tomar decisiones, organiza y procesa ideas, crea conceptos, construye juicios, ideologías y determina la personalidad, posee además conocimientos, deseos, e intuición.

Mientras que el cuerpo físico, con el paso de los años muere; el alma, se cree que pasa a un estado más elevado, determinado de acuerdo a la forma, en la que se condujo mientras vivía en su cuerpo físico.

Ego:

El ego nos brinda una identidad, es el disfraz que nos permite interactuar en este mundo físico del que somos parte. La confusión que provoca el identificarnos demasiado con el ego, es que creemos que es nuestra verdadera identidad, cuando no tiene más poder que el que uno elija darle.

Los medios de comunicación, circulo social y familiar, así como la religión y la política; fomentan considerablemente, el hecho de que alimentemos y nos identifiquemos con un ego competitivo, engañoso, y que busca además, la constante aprobación de los demás.

Si bien es cierto, que se le ha considerado a el ego, ser parte de nosotros mismos; no se trata de querer eliminarlo, basta con devolverle al Ser, su poder.

Trascender al ego, elevar nuestra consciencia y vibración, es dar un brinco evolutivo como humanidad, impactando todo lo que le rodea. Es despertar del sueño y la ilusión, dando espacio, a la plenitud del Ser.

Recordar nuestra naturaleza, es quitarle el falso poder que le hemos dado al ego, cuya función es más bien, la de protección y supervivencia.

Cada día elegimos ya sea consciente o inconscientemente, a quién le daremos nuestra atención, ya sea al Ser o al ego. La pregunta sería entonces, ¿cuál de los dos, te ofrecerá paz?

¿QUÉ RELACIÓN TIENE EL ALMA Y ESPÍRITU?

El alma viene siendo la proyección del hombre en el plano físico, mientras que el espíritu, es la relación que existe entre Dios y el ser humano. Tanto el alma como el espíritu, hacen la función de ser la conexión entre los dos planos de existencia, es decir, entre el plano físico y el espiritual.

El ser humano es tripartito por lo tanto, el entablar una comunicación y comunión entre cada uno de los aspectos del Ser, es crucial, para un mayor despertar de la consciencia. En donde, no existe separación, solo la ilusión de la separación con la fuente divina.

Sin afán de profundizar mucho en el tema, y a manera de referencia —como mencioné antes—, estos términos, los uso el éste libro con regularidad. Comparto mi interpretación, de cómo están formadas cada una de las partes del Ser.

- **Espíritu:** Conciencia, Comunión, e Intuición.

- **Alma:** Emociones, Voluntad, Mente y el Falso Ego.

- **Cuerpo:** Anatomía, Fisiología, Morfología.

- **Ego:** Mentira, Separación, Miedo.

Espiritualidad y Religión

"Religiones hay muchas, espiritualidad solo una"

En mi sed de saber más sobre Dios y el mundo espiritual, me adentré a estudiar, leer e investigar todo lo referente a Dios. Me di a la tarea, de ir a visitar diferentes templos e iglesias; con la única idea, de comprender el por qué de la existencia de tantas religiones, que proclamaban tener la verdad absoluta y que por otro lado, juzgaban deliberadamente a quienes no fueran sus fieles creyentes.

Observé, algunas diferencias en la manera en que algunos templos e iglesias, manejaban sus enseñanzas. Algunas me transmitieron más armonía que otras. Lamentablemente, en algunos lugares, el fanatismo y la insistente petición de diezmos y ofrendas, parecía ser una constante; mientras que en otros templos e iglesias, promovían la unidad, la devoción y el servicio.

Reflexionando sobre el número elevado de religiones que hay en el mundo, no me sorprende, que no se pongan de acuerdo. Por un lado, sus enseñanzas, proclaman de amar a Dios y al próximo, mientras que al mismo tiempo, se han creado guerras, en el nombre de Dios.

Cada religión reclama ser la única y verdadera, y me pregunto: ¿Una religión, única y verdadera, juzga y castiga a quienes no profesan su misma religión? ¿En dónde está su amor al próximo?, ¿en dónde está la libertad de credo y expresión?

¿Por qué continúan muchas religiones, fomentando la falsa idea de un Dios castigador y vengativo?

Si bien es cierto, que fui bautizada como católica; durante los años en que me he dado a la tarea de conocer, visitar y aprender sobre diferentes religiones; el nivel de juicio y fanatismo de algunas, no reflejan la unión que debe prevalecer entre los seres humanos; por el contrario, fomentan la separación entre los hombres y Dios. ¿Por qué creo esto? Porque, al juzgar a otros, caes en la mentira del ego, y el ego no tiene relación con Dios.

Mi gratitud, para todos los maestros que han venido a compartir grandes enseñanzas, ayudándonos a recordar nuestro verdadero origen, y fomentar el amor y unión, entre todos nuestros hermanos.

La división, debe quedar definitivamente en el pasado, si no queremos ser testigos de una autodestrucción masiva. El amor debe ser el único lenguaje que exista entre los hombres, animales y la naturaleza; para que a través del amor, sea sublimada nuestra existencia en este planeta.

Lo que nos debe de unir, no es la sangre, el credo o lenguaje. Nos une el hecho, de que somos una familia, que procede de la misma fuente Divina, que no juzga, señala ni castiga.

Solo el amor, podrá quitar la venda de los ojos, ante tanta ceguera e ignorancia de la verdad; que somos más que un país, más que una raza, religión o lenguaje.

Si estuviéramos desprovistos de nuestros sentidos físicos, ¿qué podríamos percibir de los demás?, ¿acaso, nuestra verdadera esencia?

Si estuviéramos, ante el último día de nuestra existencia en este mundo, ¿qué es aquello que escogeríamos hacer, que cambiaría completamente nuestra visión de quiénes somos?

Una fuerte experiencia...

Les compartiré algo, que en su momento me causó, gran desconcierto. Hace algunos años, frecuentaba una iglesia cristiana en la cual, disfrutaba mucho de el mensaje del pastor. En aquel tiempo, solía acompañarme, mi entonces pareja, al servicio dominical; hasta que día, para sorpresa nuestra, fue diagnosticado con cáncer en el hígado y nos resultó imposible asistir.

Conforme pasaron los días, y mi pareja estaba en el hospital agonizando; le pedí a una amiga de la iglesia, que por favor le solicitara al pastor, que viniera a orar por él, pidiendo por sanidad.

Al cabo de un par de días, me emocionó mucho, que el pastor llegara acompañado de otras personas, para hacer oración. Pasaron otros dos días aproximadamente, y llegó otro de los pastores para hacer oración; al encontrármelo en el pasillo que quedaba a un lado de la habitación, escuché las palabras más carentes de compasión, amor y gentileza que hubiese escuchado antes. El pastor, se acercó a mí y me dijo lo siguiente:

"Liliana, sabemos que practicas meditación, terapias con energía, así como el uso de tu intuición; que son todas, abominación ante los ojos de Dios".

Confieso, que me tomó por sorpresa escuchar sus palabras, sobre todo, en esos momentos de dolor por el que estábamos pasando todos.

"Tu eres la causante de que tu pareja esté muriendo, porque lo que tu haces es pecado mortal" —continuó

"Si tienes el don de profecía o sanación, debes de practicarlo bajo la ley de la iglesia, de lo contrario vives en pecado" –insistió

Con toda serenidad, le contesté: "No sé quién sea tu Dios, pero mi Dios, es un Dios de amor, que no juzga; que conoce quien soy y lo que hay en mi corazón, y sobre todo, que Él pone en mi camino, a las personas a quienes yo pueda contribuir"

"Y si ustedes practican la palabra de Dios, y si soy pecadora como dicen, entonces, ¿dime, en dónde está su compasión hacia mí?, ¿acaso, no deberían mostrarme el camino a seguir, en lugar de señalarme, juzgarme y culparme?" —contesté viéndolo fijamente a los ojos.

El pastor se molestó y en tono hiriente insistió, "¡Pues vives en pecado y por tu culpa él está muriendo!".

Al escuchar esto, tomé una respiración profunda, y me atreví a decirle lo que veía, como una película en mi mente: "Pues, la intuición que tanto me juzgas por tener, me muestra que en pocos meses, tu iglesia no podrá continuar en donde se encuentra ahora, y mucha gente dejará de asistir; mas por favor, te pido no me culpes a mí por ello; todo es resultado de las muchas veces que juzgan a los demás y usan el nombre de Dios como bandera para intimidar". –contesté tratando de ser lo más sutil a causa de lo que veía.

Como era de esperar, su soberbia, no le permitió escuchar mis palabras, sin embargo, efectivamente, al cabo de cuatro meses aproximadamente; me enteré por otras amistades de la iglesia, que efectivamente, por serios problemas económicos, y por la ausencia de asistentes, —muchas de ellas ligadas al hecho de sentirse juzgados—, la iglesia tuvo que pedir a una escuela, les facilitara el gimnasio y área donde jugaban baloncesto, para poder continuar con su servicio. Así estuvieron aproximadamente por dos años, hasta que pudieron pagar y así moverse a otro lugar.

Cuando esto sucedió, tuve por un tiempo, un sentimiento de tristeza y asombro, por lo ocurrido; no porque creyera las palabras del pastor, sino más bien, porque me preguntaba, ¿cómo es posible que algunas personas, usen el poder de la iglesia para juzgar y querer castigar a los demás?

Quizás otra persona, en mi misma situación, se sentiría muy mal y posiblemente creería las palabras del pastor. En mi caso, solo opté por mantenerme serena y en oración. Puse de nuevo, toda mi intención y atención en transmitirle paz y serenidad a mi entonces pareja; —quien falleció el mismo día de la visita del pastor—, rodeado de algunos familiares que alcanzaron a verle aún con vida.

Después de unos años, la vida me regaló otra oportunidad en el amor. Actualmente, disfruto de una relación armoniosa y estable, misma en la cual confío, durará indefinidamente. Los tiempos de Dios son perfectos, y cuando no entendemos en el momento, el por qué de algunos acontecimientos; si lo permitimos, volveremos a abrirnos al amor.

Nada es casualidad, todo cumple un propósito, el mío lo cumplí con alguien que ahora se encuentra en un lugar mejor. Sobre las religiones, valoro y respeto, aquellas que fomentan el amor y la unidad; y de aquellas que no, llegará seguramente el día, que tomarán conciencia y serán de mayor contribución, a un mundo que clama por la paz.

Despertar del sueño de la Religión

Considero que las religiones, han cumplido con un papel muy importante en la sociedad, promoviendo valores, buenos principios y la práctica de la fe. Sin embargo, no es el papel de la religión, el castigar, juzgar o privar a las personas, de su derecho de elección. Por el contrario, que sean más bien como la brújula, que nos señale con amor, un camino a seguir.

Para despertar del sueño de la religión, se requiere un trabajo personal, mediante la oración o meditación, que brinde un espacio para la comunión directa con lo Supremo. Tener la disposición para escuchar y aprender, evitando caer en la tentación de darle un color blanco o negro a las cosas. Ser observadores, mas no castigadores; activos y no pasivos, viviendo libres de culpas y manipulaciones, de cualquier sistema.

Despertar del sueño de la religión, es amar al prójimo, simplemente por el hecho de reconocer en cada uno, la chispa divina, y el valor que tiene su existencia en este tiempo y espacio. No es odiando a los que se alejan de lo Divino, como se crea la unidad; buscar en todo caso, que la oración por ellos, sea la fuerza que los atraiga de nuevo a la verdad.

Las verdades sobre la vida y Dios, se experimentan, no se analizan. Cada experiencia, es única para cada persona, y esa es su verdad. Llegará un día, en que los muros de las religiones, no serán necesarias; ya que la única religión será la del amor. Para esto, se requiere de la colaboración de cada uno de nosotros, para que mediante la elevación de la consciencia, dejemos a presentes y futuras generaciones, un mundo mejor.

¿Qué es la Verdad?

"Nada puedo enseñarles que dentro de ustedes no puedan encontrar"

Tanta información de personas e instituciones que claman poseer la verdad, cuando contiene solo partes de verdad, creando confusión, en un mundo que solo necesita reconocer el amor.

No creo ni en lo que yo llamo verdad; pues confío, en lo que las experiencias de la vida me muestran, como un reflejo de mi interior; ya sea de mi separación o unión con la Divinidad.

Con frecuencia, se habla sobre aquello que se considera verdad, apoyado según las creencias de cada persona. Para algunos estudiosos sobre el tema, el término verdad, adquiere un significado diferente, según sea analizado, desde la perspectiva de la religión, la filosofía o la ciencia; pero, ¿qué es la verdad?

El término verdad se usa con regularidad para referirnos a la coincidencia entre los hechos y la afirmación a la que se refiere; así como también a la honestidad, sinceridad y buena fe.

Por ejemplo, si una persona dice que la manzana es roja, y las demás personas presentes, la ven también de color roja, entonces se podría decir, que es verdad. Pero si, la misma persona, afirma que todas las manzanas son rojas, entonces es mentira, ya que en la experiencia de los presentes, quizás han visto manzanas verdes y amarillas, por lo tanto, la segunda afirmación es falsa. El criterio que se utiliza para identificar la verdad, varía según la visión que se tiene de las cosas, sus creencias, experiencias de vida, capacidad de razonamiento, así como, si trata de una verdad es subjetiva u objetiva relativa o absoluta y, además del nivel de consciencia que posea.

Dios y la Verdad

"La verdad es solo una… Somos amor"

Existen varios ejemplos en el Nuevo Testamento, sobre el vínculo entre la verdad y la justicia, así como entre la falsedad y la injusticia. Aquí comparto algunos que llamaron mi atención.

- "El amor no hace nada indebido, no busca lo suyo, no se irrita, no guarda rencor; no se goza de la injusticia, mas se goza de la verdad." (1ª Corintios 13:5-6).

- "Porque la ira de Dios se revela desde el cielo contra toda impiedad e injusticia de los hombres que detienen con injusticia la verdad." (Romanos 1:18).

- "Por esto Dios les envía un poder engañoso, para que crean la mentira, a fin de que sean condenados todos los que no creyeron a la verdad, sino que se complacieron en la injusticia." (2 Tesalonicenses 2:11 y 12).

- "… el cual pagará a cada uno conforme a sus obras: vida eterna a los que, perseverando en bien hacer, buscan gloria y honra e inmortalidad, pero ira y enojo a los que son contenciosos y no obedecen a la verdad, sino que obedecen a la injusticia." (Romanos 2:6-8).

Verdad, es lo que es verdad para cada individuo, y según sea su nivel de consciencia, obtendrá sus propias respuestas. Suele suceder, que aquello que el día de hoy llaman verdad, el día de mañana, tendrá una nueva interpretación.

Cuando las personas adoptan una postura de defender aquello que consideran su verdad; se han propiciado separaciones y hasta guerras innecesarias, como resultado de una falta de respetar el punto de vista y creencias de los demás.

¿Qué podemos hacer? Aceptar, el derecho que cada persona tiene para percibir sus experiencias, desde un cristal diferente, sin que por ello, se propicie la desarmonía. Todo lo contrario, que brinde la oportunidad de crecimiento, al escuchar y compartir puntos de vista diferentes, sin la necesidad de llegar a conclusiones, juicios o falsas interpretaciones.

Al buscar la verdad que viene de lo Supremo, y no la falsedad proveniente del ego, se alcanzará la libertad.

El camino hacia la verdad, nada tiene que ver con los juicios creados desde el ego. La mentira puede parecer verdad, si se continúa en un estado de separación de la Divinidad. Pedir en oración por discernimiento, aclarará hasta la mente más confundida, trayendo consigo la paz que es encontrada en el recinto de la devoción.

El verdadero Pecado Original

Las religiones, tienen su propia interpretación de lo que significa el pecado original. Si bien es cierto que disfruto leer la Biblia, estoy conciente que entre el periodo que se escribió el Antiguo y Nuevo Testamento, así como en las más de 1,200 traducciones a diferentes idiomas y dialectos; dudo mucho que, se haya conservado la esencia del mensaje original. Además, no podemos ignorar el hecho de que existen grupos de poder que tienen la intención, de mantener a la población mundial, dormida e ignorante.

No comulgo con la idea, de un Dios cruel, que pone ante sus hijos la "tentación", para después castigarles, a causa de cometer un supuesto pecado, —el fruto del árbol prohibido—, cuando Dios mismo, en su omnisciencia y omnipresencia sabía de antemano, cuál sería el comportamiento de sus hijos. ¿Acaso, unos padres amorosos, pondrían una tentación para después castigarles? , ¿será acaso, que se le ha dado una interpretación errónea a un pasaje bíblico, que no tiene nada que ver con la verdad de Dios?

El pecado, es creer que estamos separados. Seguimos dormidos, creyendo que aquello que percibimos es realidad, cuando es tan solo, el reflejo de una mente distorsionada, que no ha alcanzado una mayor conciencia de sí mismo, en relación con la Divinidad.

Hemos crecido, con la creencia que somos pecadores y, que debemos sentir culpa, por algo de lo cual no tenemos ni siquiera memoria. Esto puede ser desalentador, para una humanidad que lo único que necesita es reconectarse con la energía del amor, de la cual todos procedemos.

Afortunadamente, vivimos tiempos, en donde poco a poco se va despertando del sueño y la ilusión. Cada vez son más, las personas que se cuestionan lo que antes no se preguntaban. Quizás dentro de la ilusión del tiempo y espacio, la transformación y elevación de la consciencia, habría de ser, justo en este tiempo, al que llamamos realidad.

La bendición que percibo en todo esto, es que, siento que está a la vuelta de la esquina, el día en que todos seremos testigos de una mayor apertura y elevación de vibración en la humanidad.

Vivir en la cárcel de los juicios, castigos y culpas con las que hemos sido dominados por algunos líderes religiosos, ha llegado a su término. Estamos en el proceso de recuperar nuestra libertad, la libertad que viene con el reconocimiento del verdadero potencial y la herencia divina que radica en cada uno de nosotros.

El pecado original, se disuelve, al momento de corregir el pensamiento que creó la ilusión de separación. Conseguiremos entonces, experimentar el paraíso en la tierra, sin la necesidad de dejar el cuerpo físico como medio del encuentro con el Supremo.

El Antiguo Testamento, fue escrito originalmente en hebreo, y unos pocos capítulos en arameo. El Nuevo Testamento, por otro lado, fue escrito en griego. Capítulos escritos en arameo: una palabra en Génesis (cap. 31:47; libros de Esdras (cap. 4:8-6; 7:12-26) y Daniel (cap. 2:4 al 7:28), un versículo de Jeremías (cap. 10:11).

La Biblia ha sido traducida en parte o en su totalidad como la traducción de 1964 en más de 1200 idiomas o dialectos diferentes.

Orar, Rezar y Meditar

"En el silencio experimenté la paz, en la gratitud el gozo, en la contemplación la unidad y con todo esto, el Amor…"

En un mundo, en donde los momentos de silencio y serenidad parecen cada vez más difíciles de encontrar; es recomendable buscar un espacio, que sea nuestro santuario o simplemente un lugar que represente, nuestra conexión con nosotros mismos y la Divinidad. Aunque contactar con lo Divino, es una experiencia que no requiere de un tiempo y lugar específico; al principio puede facilitar, la relajación para así experimentar paz.

Teléfonos celulares que suenan sin parar, correos electrónicos, internet, redes sociales, televisión, tráfico, horarios de trabajo y escuela, gente que vive a prisa; todo forma parte de una serie de distracciones y ruido por doquier. Entonces, ¿a qué hora encontraremos tiempo y espacio para la meditación y oración?

Las responsabilidades y obligaciones diarias de este mundo físico, pueden llegar a enfermarnos, al ignorar la importancia que tiene, el apartar un momento, para reflexionar, orar o meditar; para volver así, a recuperar la vitalidad.

Mi rutina diaria, consiste en levantarme y dar gracias por todo lo que la vida me ha brindado; —incluyendo aquellas experiencias que han representado un reto—, ya que esta última es una oportunidad de crecimiento y madurez. Después, salgo a caminar con mi perro y durante la caminata, activo mis sentidos físicos e intuitivos, para percibir más todo lo que me rodea, conectarme con la naturaleza y sentirme presente.

Al regresar de la caminata, me siento con la mente más despejada, alerta e inspirada, para enfocarme y disfrutar mi trabajo. Procuro salir a caminar por lo menos de 2-4 veces al día, —sobre todo, cuando estoy en proceso de escribir un libro—, o en algún proyecto que requiere de toda mi concentración y serenidad.

Al final del día y después de preparar mi agenda para el día siguiente, —con la apertura, que el Espíritu Santo, siempre tiene una mejor agenda para mí—, me dispongo a estar en momentos de quietud.

Cuando surge alguna inquietud o requiero de guía en un asunto en particular, pido a mi Ser y a la Divinidad, que durante el sueño me ayude a encontrar la respuesta, que se encuentre en armonía y alineada con mi mejor posible futuro.

Algunas personas, consideran que para contactar con lo Divino, se requiere alejarse o irse de vacaciones para lograr momentos de quietud y comunión. Sin embargo, en mi experiencia, no es necesario. De hecho he experimentado que al viajar, por lo regular uno se distrae con paseos, exploraciones, convivios, y novedades. Por otro lado, hacer un retiro, es diferente, ya que la intención se concentra, en buscar un espacio de paz, escribir pensamientos, reflexionar y liberar emociones.

Al viajar, la actitud suele ser de deseos de conocer la magia de cada lugar y, sucede que al regresar de un viaje, queremos "descansar del viaje"; mientras que al regresar de un retiro, se siente una mayor vitalidad y renovación, ayudando así, a que nuestras actividades diarias, se vean desde una nueva perspectiva, inspiración, actitud positiva, y un mejor enfoque en dirección a nuestro futuro.

¿Cuánto tiempo de calidad, te das permiso de experimentar cada día?

He observado, que muchas personas solo enfocan su atención en la adquisición de bienes materiales y no disfrutan aquello por lo que trabajaron. Pareciera como si se olvidan de la importancia que tiene, el ser generosos con ellos mismos.

Cada día es igual, rutina, responsabilidades, estrés y con el pasar de los años, se dan cuenta con tristeza que dejaron pasar la oportunidad de disfrutar mejor, todas las áreas de su vida.

En los ejercicios que comparto en este libro, habrás observado que sugiero constantemente, que se escriba en un diario o cuaderno. Es una herramienta excelente, ya que cuando escribimos todo lo que pensamos y sentimos, entonces, nuestra mente se aquieta, del constante diálogo interno. De esta manera, el meditar, orar o rezar, se convierte en una experiencia, más sencilla y muy placentera, alcanzando a su vez, niveles de mayor consciencia.

Aquello que antes se juzgaba, deja de tener importancia, permitiendo así, continuar en la creación de momentos armoniosos, experimentando el resultado positivo de la creación, con mayor naturalidad.

He observado, que en algunos casos, el hacer ejercicio en un gimnasio o cualquier otra actividad deportiva, tiene muchos beneficios; mas no ofrece la quietud que se requiere para conectarte con tu intuición y la Divinidad.

No es obligatorio ir de retiro para encontrar silencio y paz, basta con que incluyas en tu rutina diaria, un momento para ti, libre de distracciones o simplemente disfrutar y apreciar la riqueza que se encuentra en la naturaleza.

Algunas religiones, hacen de la práctica del silencio y la contemplación, parte de su vida diaria desde miles de años, por el bienestar que brinda al ser humano.

En mi experiencia, para conectarte con los demás y disfrutar de un mayor sentimiento de unidad, hay que conectarse con uno mismo y la inteligencia superior primero. Al hacerlo, se derriban las barreras impuestas por la mente que juzga; permitiendo entonces, sentirse parte de un todo, conservando a la vez tu espacio sagrado.

Busca la paz por medio del silencio, busca el gozo por medio de la gratitud, entonces nada perturbará tu mente; porque aunque venga una amenaza de inquietud, recordarás que tú no eres aquello del exterior que busca estremecerte, eres más que eso, eres un universo que vive dentro de ti, en espera de ser descubierto.

¿Qué pasaría en tu vida, si empiezas por descubrir todo tu potencial?

¿Qué cambios podrás lograr en tu vida y la humanidad, una vez que reconozcas que en la paz, experimentas a Dios?

Dios está en todos y en todo, no hay necesidad de buscarle, mas sí de experimentarle.

¿Arcángeles y Ángeles entre Nosotros?

Desde niña, me sentí inclinada por los temas espirituales, al observar que nuestra vida, se compone también, de experiencias que en algunos casos, resultan difíciles de explicar dado que no ofrecen una conclusión, basada en un método científico.

El tema sobre los ángeles y arcángeles, ha sido en ocasiones debatible, debido a que algunas personas, toman a la ligera o dudan de la existencia e intervención, de estos seres de luz en nuestras vidas. Mientras que otros, según su propia experiencia o creencia, buscan vivir la experiencia de un encuentro y comunicación con ellos.

Contactando con lo Divino, no es un libro más, de ángeles y arcángeles. Considero, que ya existen hermosos libros sobre el tema. Sin embargo, compartiré con ustedes mi experiencia; no solo con los divinos ángeles, sino también, de cómo fue que nació, una bella relación con diferentes Espíritus Guías y Maestros Ascendidos; siendo todos ellos, también, la razón por la cual elegí escribir este libro.

Haré mención de las diferentes jerarquías angélicas, así como de los siete principales arcángeles, como referencia solamente. Empezaré entonces, definiendo de forma breve, lo que un ángel y arcángel es:

Ángel: Ángel, significa mensajero y proviene del latín "ángelus". De esta forma, los ángeles son mensajeros divinos, formados por una gran concentración de energía cósmica. Su misión en la tierra, consiste en ayudar a los seres humanos en sus asuntos cotidianos, guiarlos y protegerlos de todo mal.

Arcángel: Son de una jerarquía más elevada, y se reconocen cuatro principales arcángeles que rigen cada uno de ellos, los cuatro puntos cardinales que son: Miguel, Rafael, Gabriel y Uriel.

Cada uno de estos arcángeles, tiene una misión o área determinada en la cual trabajan, por ejemplo:

Miguel: "Quien como Dios", arcángel de protección y justicia perfecta; su color es el azul, elemento fuego, día de la semana domingo y metal oro.

Rafael: "Dios Cura", arcángel de sanación, la ciencia, sabiduría, siendo además uno de los siete ángeles del Apocalipsis. Su color verde, elemento agua, día de la semana miércoles.

Gabriel: "Varón de Dios" es el arcángel de la anunciación y las comunicaciones, de la muerte y resurrección; es quien revela la voluntad de Dios a la humanidad.

Su color es el blanco, elemento tierra, día de la semana lunes.

Uriel: "Luz de Dios, Fuego de Dios"; arcángel guardián de la madre tierra, que protege del trueno y del terror y rige los temblores, cataclismos naturales y explosiones volcánicas.

Su color es el naranja rubí, elemento aire, día de la semana viernes.

La Biblia reconoce solo a tres que son, Miguel, Rafael y Gabriel. Mientras que en otros escritos mencionan a siete arcángeles, que los conocemos como:

Arcángel Miguel, Arcángel Gabriel, Arcángel Rafael, Arcángel Uriel, Arcángel Jofiel, Arcángel Shamuel, Arcángel Zadkiel.

Es interesante observar, que sus nombres terminan en *El* que significa, hijo de Dios; hay solo dos nombres que terminan en *On*, como Metatrón y Sandalfón que significa grande. Algunas referencias difieren un poco, pero lo más importante, es entender que los ángeles y arcángeles son servidores de Dios, y están dispuestos a auxiliarnos en todos los asuntos de nuestra vida, con tan solo solicitarlo, para que de esta manera, llevemos una vida en armonía y propósito.

La voluntad de Dios, es precisamente que experimentemos el amor, salud, prosperidad y comunión con Él. La dificultad que algunas personas tienen al momento de querer entablar una comunicación con los ángeles para recibir dirección, ayuda y protección; tiene que ver más bien con una predisposición nuestra. Una invitación amorosa por nuestra parte, será suficiente para permitir que se hagan presentes en nuestra vida.

Es importante, recordar que los ángeles respetan nuestro libre albedrío. Por lo tanto, que nuestras peticiones sean buscando el bien común, en perfecta armonía y de acuerdo con la voluntad de Dios.

La Biblia menciona: "Pedid, y se os dará; buscad, y hallaréis; llamad, y se os abrirá" (Mateo 7:7). Esta referencia, refleja una gran verdad, con testimonios al alrededor del mundo, de que Dios siempre cumple su promesa.

En una ocasión escuchaba decir que, cuando hacemos una petición, es similar a pedir un platillo del menú a un mesero. Cuando elegimos del menú, y el mesero toma nota de la orden, ésta es entregada al cocinero, mientras que el mesero, espera a que la orden esté lista, para después entregárnosla y así disfrutarla. ¿Acaso fue necesario, ir a supervisar a la cocina, que nuestra orden estuviera lista? ¡No!

El proceso de pedir asistencia a los ángeles es sencillo y poderoso a la vez:

1.-Pedir

2.-No entrometernos y,

3.-Esperar para disfrutar

Dar gracias a Dios en todo momento, por la ayuda recibida, por medio de los arcángeles y ángeles, es una forma de mantenernos sintonizados con la energía divina.

"La voluntad de Dios se encuentra impresa en cada corazón, la lección final del alma es rendirse a Ella"

FUNCIONES PRINCIPALES DE LOS ÁNGELES

- ❖ Adorar a Dios
- ❖ Cumplir con la voluntad divina

- ❖ Están con nosotros por siempre

- ❖ Inspiración

- ❖ Protección

- ❖ Consuelo en tiempos de dificultad

- ❖ Guía en todos los asuntos de nuestra vida

- ❖ Nos acompañan en el momento que trascendemos o dejamos nuestro cuerpo físico.

- ❖ Castigan la maldad y destruyen el poder de los espíritus del mal.

Habiendo leído esto, ¿qué te parece si escribes una petición a los ángeles y arcángeles?

Podría ser inclusive, algo que tu corazón anhela, mas no te has atrevido a pedir.

Si lo prefieres, usa éste espacio en blanco para escribirlo, escribe a un lado de tu petición la fecha, para futura referencia.

.

¿Cuántos Tipos de Ángeles Hay?

"Mirad que no menospreciéis a uno de estos pequeños, porque os digo que sus ángeles en los cielos ven siempre el rostro de mi Padre que está en los cielos" (Mateo 18:10)

Las tres principales religiones del mundo occidental —judaísmo, cristianismo e islamismo—, así como prácticamente en todos los sistemas de creencias religiosas alrededor del mundo, hacen mención a seres celestiales.

De acuerdo a los textos de ángeles más conocidos, los sitúan en tres esferas o coros, —voces que entonan alabanzas a la Creación—, siendo los primeros los más próximos a Dios y, terminando con los más cercanos al plano físico. La disposición de los coros angélicos, según San Dionisio se mencionan a continuación.

LAS JERARQUÍAS CELESTIALES SEGÚN SAN DIONISIO

De acuerdo a la tradición Católica, toman en consideración la clasificación de San Dionisio, quien dividió a los ángeles en tres jerarquías principales y la subdividió en tres compañías.

Los Nueve Coros Angelicales

Primera Triada:

- Serafines: Espíritus de amor, representan el pensamiento de Dios, personifican la caridad divina.

- Querubines: Reflejan la sabiduría divina y son los encargados de implantar conocimiento a la humanidad.

- Tronos: Proclaman la grandeza divina, y son los vigilantes de los planetas.

Segunda Triada:

- Dominaciones: Poseen el gobierno del universo, leyes universales y cumplimiento de la voluntad de Dios.

- Virtudes: Promueven prodigios y curas.

- Potestades o Poderes: Resguardan a los humanos, brindan ayuda a los que han dejado su cuerpo físico, se encuentran en el plano astral.

Tercera Triada:

- Principados: Protegen las leyes del mundo físico y moral, e impulsan al hombre para que progrese espiritualmente; preservan los cultos y la unión entre Dios y sus hijos.

- Arcángeles: Intermediarios y mensajeros entre Dios y el hombre.

- Ángeles Guardianes: Velan por la seguridad de los hijos de Dios.

A mi Ángel Guardián

En cada instante de mi vida, desde el momento en que mi alma decidió encarnar aquí, siempre estuviste a mi lado…

Cuando fui creciendo y mi vida se tornaba a veces difícil y caía, tú me dabas tu mano…

Cuando las noches parecían demasiado oscuras, me mostraste tu luz…

Mientras mi corazón se sentía herido y perdía la fortaleza, tú me diste fe…

Cuando después de equivocarme y comprender la enseñanza, tú siempre me mostrabas el camino…

Cuando el miedo me paralizaba y el peligro acechaba, me diste tu protección…

Y en los momentos de aciertos y alegrías, tú también conmigo sonreías…

A ti, mi querido Ángel Guardián, te doy las gracias por ayudarme en mi propósito y mantener viva la llama divina que Dios sembró en mí.

¿Tenemos todos un Ángel Guardián?

En diferentes textos a lo largo de la historia y en las religiones, se tiene la creencia que todos tenemos un ángel de la guarda que nos protege y guía a lo largo de nuestra existencia. A tu ángel, puedes pedirle ayuda, dirección, inspiración y protección, y si lo deseas puedes por medio de la oración o durante una meditación, pedirle que te diga su nombre.

El Cd de meditaciones guiadas *Contactando con lo Divino*, incluye una meditación —del mismo nombre—, en la que puedes preguntar a tu ángel su nombre, y además te ayudará a comunicarte con los cuatro arcángeles principales como lo son: Miguel, Gabriel, Uriel y Rafael. Los testimonios de las personas que han tenido la oportunidad de escuchar el Cd de meditaciones guiadas, me han compartido, sus bellas experiencias y sobre todo, el hecho de que, a partir de ése momento, su vida empezó a cambiar, debido a una apertura por parte de las personas, para entablar una comunicación y relación más personal con ellos.

Conforme pasa el tiempo y continúas alimentando la comunicación con ellos, aprendes a distinguir cuando se hacen presentes. Lo más hermoso es que, cada vez son más claras las señales y la forma en la que se manifiestan en tu vida.

Es importante recordar que, los ángeles y arcángeles son mensajeros de Dios, y es solo a Dios, a quien le brindamos adoración. He observado que algunas personas en su emoción por alimentar una comunicación con los divinos ángeles, empiezan a practicar la magia angelical y a decir verdad, no lo considero necesario. Por otro lado, se corre el riesgo de llamar a falsos seres de luz que buscan confundir a las personas.

Los ángeles y arcángeles, están para cumplir la voluntad de Dios, y no la nuestra. Las experiencias de vida, obedecen a un plan perfecto, diseñado para que esté alineado con un propósito mayor, que parece en ocasiones un misterio. Confiar en que todo es perfecto, ayudará a elevar tu vibración, misma que se verá reflejada en la manera en que reaccionas a todos los eventos que se te presenten.

Pídele a tu ángel guardián que te acompañe en todo momento. De la misma manera, puedes pedir al ángel guardián de tus seres queridos, para que los proteja de todo mal. Tus pensamientos sobre los ángeles, serán de ayuda para aquellas personas que desees un bien. Puedes imaginar que luces de color blanco o rosa, rodean tu casa, coche, familia, amistades, e inclusive, a los líderes religiosos y políticos para que adquieran la sabiduría de dirigir adecuadamente a la humanidad.

¿Cómo Podemos Comunicarnos con los Ángeles?

Pide a tus ángeles te brinden claridad y llenen tu corazón de amor, porque donde habita el amor no queda espacio para el miedo y el dolor. Puedes elegir soltar y dejar ir, o puedes aprender y seguir, ¡ésa es tu decisión!

Existen muchas formas de tener comunicación con los ángeles; cada persona podrá tener una experiencia única o diferente. La comunicación con los ángeles es fácil de sentirla real porque es amorosa, generosa, respeta el libre albedrío, no obliga, te transmite paz y armonía y en ocasiones es similar a algo que habías pensado, pero creías que era tu imaginación.

Por otro lado, la comunicación con los ángeles, nunca te transmitirá miedo, inseguridad, sentimiento de culpa, ni tampoco alimentará al ego, y sobre todo, no te influenciará de forma negativa para dañar a otros o a ti mismo.

La forma más común en la que ellos se comunican es por medio de nuestros sueños; ya que mientras estamos descansando, el ego también. Muchas personas relatan que, cuando tuvieron algún sueño con ángeles, al despertar tenían un sentimiento de mucha paz, y el recuerdo de lo vivido en el sueño, es claro y nítido. Comparten que, los colores dentro del sueño, eran más brillantes y sus sentidos se agudizaban al punto de que, la comunicación era telepática mayormente.

El practicar meditación y oración, es una sencilla forma de prepararse para la comunicación. La escritura automática, al igual que el oráculo de los ángeles, es una herramienta que algunas personas utilizan. Sin embargo, en la medida que practiques, te darás cuenta que, basta con elevar tu vibración y tener una clara intención de comunicarte que, abrirá las puertas a un bello mundo, en el cual jamás volverás a sentirte solo.

Los ángeles, como mensajeros de Dios; están interesados en acudir a ayudarte en todas las áreas de tu vida. No hay asunto pequeño o grande que ellos no puedan ayudarte. Aunque no harán la parte que a ti te corresponde en tu crecimiento espiritual, puedes acudir a ellos para guiarte, inspirarte y protegerte.

Me tomaría todo un libro relatar, cada una de mis experiencias con los ángeles. Compartiré algunas en este libro, sin la intención de que creas que fueron reales, si no más bien, como una invitación a que te abras a una comunicación auténtica y que vivas tu propia experiencia.

Sugiero, que al principio evites hablar de este tema con personas que no creen en la comunicación angelical, dado que no necesitas que los juicios y creencias de otros, sean un bloqueo. Puedes compartirlo si lo deseas, con aquellas personas que ya han tenido una experiencia con lo ángeles, ya que no te preocupará si te creen o no. Recuerda, verdad es lo que es verdad para cada quien.

Quiero compartirte en base a mi propia experiencia, los nueve pasos para comunicarte con los ángeles.

9 PASOS PARA COMUNICARNOS CON LOS ÁNGELES

1.-Desear la comunicación

2.-Confiar y tener buena disposición para recibir mensajes

3.-Desarrollar la intuición

4.-Desarrollar el discernimiento

5.-Actitud Positiva

6.-Clara intención de que se lleve a cabo

7. Evitar falsas expectativas

8.-Paciencia en todo momento

9.-Gratitud por la guía y orientación

1.-Desear la comunicación:

Recuerdo que en mi niñez, era muy emocionante saber que podía comunicarme con los ángeles con facilidad, sobre todo al dormir. ¿Qué es lo que facilitaba la comunicación? Creo que, el hecho de saber que era posible comunicarme con ellos y sentirme abrazada por la Divinidad, facilitaba enormemente la experiencia. Basta creer que ellos se encuentran en la espera de que los invitemos a nuestra vida, y de manera instantánea empezarás a sentir su presencia y recibir mensajes.

2.-Confiar y tener buena disposición para recibir mensajes:

Confiar que es posible la comunicación, facilite el tener una actitud positiva al momento de realizar las meditaciones y ejercicios. En ocasiones nuestro escepticismo, nos lleva a alejarnos de la comunicación, y aunque yo misma sugiero en mis talleres que, es bueno tener un cierto grado de escepticismo, el tener una buena disposición es aún más importante. Eliminar los bloqueos mentales, emocionales y físicos que pueden intervenir en la comunicación es elemental. Sin un adecuado balance, se corre el riesgo, de que no se lleve a cabo la comunicación o que el mensaje no sea auténtico.

3.-Desarrollar la intuición:

El tema de la intuición, siempre ha sido apasionante para mí, y no por curiosidad, sino porque, en mi experiencia existen eventos que reflejan el tema de la intuición, tanto en mi vida personal como en lo profesional, usarla ha sido de gran utilidad.

Lo que para algunos es peligroso, para mí es uno de los más preciados regalos y dones, como Seres con un infinito potencial, en proceso de descubrimiento.

Conforme avances, te resultará aún más sencillo; si ya estás familiarizado con el tema, seguro que, habrá algo de lo que leas que podrás aplicar a tu práctica intuitiva. Lo valioso es dejar el miedo a descubrir tu naturaleza

4.-Desarrollar el discernimiento:

Al llegar a este paso, y con la práctica de algunos ejercicios, se desarrolla el discernimiento. El discernimiento, será con el tiempo tu mejor aliado, al momento de poder diferenciar entre un mensaje real, o si es parte de tu imaginación.

5.-Actitud Positiva:

Cuando al despertar por la mañana, te sucede algo que no te agrada y aún así continuas con una firme intención de que el universo te sorprenderá favorablemente, permitiendo además, que puedas ser una contribución tanto en tu vida como en la de otros; es lo que llamo tener una actitud positiva.

El estrés del trabajo, la incertidumbre de cumplir con nuestras necesidades básicas y las experiencias del pasado, pueden influir en nuestra actitud. Cuando algo que sucede no me agrada, solo pienso: ¿Lo puedo cambiar o mejorar? Cualquiera que sea la respuesta, no tiene caso ser pesimista o negativo. En esos casos, recuerda que, todo es pasajero y no tienes que tratar de entender todo lo que te sucede, solo mantente abierto a nuevas oportunidades que se presenten en tu vida y actúa conforme a ello.

Llegado el momento de buscar comunicación con los ángeles y arcángeles, una actitud positiva será la forma en que elevarás tu vibración para percibirlos, ya que ellos siempre están cerca de ti. De tu actitud depende que los percibas o no.

6.-Clara intención de que se lleve a cabo:

Si te da lo mismo comunicarte con tus ángeles, muy posiblemente nada sucederá, al menos no te darás cuenta. Basta que, fijes tu atención e intención en que es posible la comunicación, y que te encuentras en una actitud positiva para que abras un espacio a percibirlos.

Si te cuesta trabajo, escribe en una hoja, los motivos por los que crees que se te dificulta tener una intención para comunicarte. El simple hecho de que lo escribas, resulta liberador. Posteriormente, solo continúa con los pasos y ejercicios, y disfruta del momento.

7.-Evitar falsas expectativas:

En estos años de práctica personal y profesional; he observado que existen personas que tienen demasiadas expectativas antes y durante los ejercicios de comunicación angelical; por otro lado están las que tienen demasiada imaginación y por último las que por diferentes motivos su nivel de expectativa es bajo.

En el primer caso, un alto nivel de expectativa, influenciadas por lo que leen o ven en diferentes medios de comunicación y por lo que otras personas comparten de sus experiencias angelicales; creen que el momento de la comunicación será muy intenso. Cuando la experiencia no es como la imaginaban, se sienten desilusionadas y optan por no continuar su relación con los ángeles.

El riesgo para las personas que tienen demasiada imaginación, es que tienden a mal interpretar las señales de los ángeles, y los mensajes son distorsionados o influenciados por el ego. Por último, los que no tienen exceptivas, en repetidas ocasiones me he percatado que son quienes tienen experiencias muy claras y auténticas.

¿A qué se puede deber esto? Creo que, una actitud de serenidad sin expectativas pero a la vez abierta a la experiencia, es de gran utilidad y te permite continuar en tu desarrollo de la comunicación con los ángeles y arcángeles.

8.-Paciencia en todo momento:

Similar al nivel de expectativa que se requiere desarrollar un nivel de serenidad; la paciencia es el siguiente paso. Si nos desesperamos, nos enojamos o sentimos ansiedad cuando creemos que no se está dando la comunicación con la rapidez que esperamos, cerramos el canal intuitivo y se dificulta aún más el proceso.

La serenidad, paciencia, y gentileza, son virtudes que es recomendable desarrollar en nosotros todos los días. Sin embargo, si por alguna razón sientes que en algún momento fallas, recuerda que si te lo propones, cada día será más sencillo y vendrá de manera natural y espontánea.

9.-Gratitud por la guía y orientación:

Los divinos ángeles y arcángeles, no necesitan nuestra gratitud para ayudarnos en todas las áreas de nuestra vida. Sin embargo, cuando lo hacemos, elevamos aún más nuestra vibración, lo que permite que, se perciba con mayor claridad y frecuencia mensajes y señales angelicales, que son como pequeños milagros de todos los días.

Dar gracias a los ángeles por cumplir con la voluntad divina, es un acto no solo de fe, de que todo es como debe de ser. Se tiene la certeza de que cumple un propósito y que todos los eventos en nuestra vida, ocurren en el tiempo perfecto.

Busca el Equilibrio Mental, Emocional y Físico

Si has llegado hasta aquí leyendo este libro, me entusiasma la idea que has realizado los ejercicios, tanto para la mente, las emociones y el cuerpo. Al hacerlo, te has preparado para hacer de la experiencia con los ángeles y arcángeles, algo en verdad único.

Brevemente te comparto algunas sugerencias que las he mencionado antes en éste libro y que puedes realizarlas a tu gusto y preferencia. Sugiero que hagas de ellas un hábito, y te aseguro que, tu vida será mejor en todos aspectos. Lee e incorpora de la lista de *Hábitos para ser más Feliz*, por lo menos uno diferente cada semana. Así se te facilitará crear y mantener un equilibrio, cuando lo combines con las siguientes sugerencias:

- Orar, meditar y practicar visualización creativa.

- Caminar en la naturaleza, o hacer ejercicio de tu preferencia.

- Hacer ejercicios de respiración profunda por lo menos 3 veces al día.

- Descansar de 6 a 8 horas diarias.

- Alimentarse sanamente y tomar suficiente agua todos los días.

- Diviértete haciendo lo que te trae armonía y felicidad.

Guión de Meditación Guiada para Saber el Nombre de Tu Ángel

EJERCICIO 1

Busca un lugar tranquilo, sin distracciones en el que puedas estar por lo menos unos 15 minutos a solas. Enciende si lo prefieres una vela e incienso y usa ropa cómoda. Permite que todo fluya con naturalidad sin ninguna expectativa que no sea de relajarte.

Siéntate con la espalda recta, y las piernas de preferencia cruzadas o con las plantas de los pies hacia el suelo; y con las palmas de las manos hacia arriba, en posición de recibir gracia divina. Si lo prefieres recuéstate en donde te sientas más cómodo o cómoda...

Recuerda que estás haciendo una visualización creativa, en donde no hay un criterio para hacerlo bien, "déjate llevar" y simplemente usa tus cinco sentidos y recuerda que es de suma importancia ponerle la mayor emoción positiva a cualquier imagen que estés visualizando. Tus emociones, son lo más importante.

Si durante la visualización, tú sonríes, te sientes feliz y positivo, ¡atraerás con mayor rapidez aquello que deseas!

Empieza por cerrar tus ojos e inhala profundamente, ahora exhala, de nuevo inhala, exhala... una vez más inhala y exhala...

Quiero que pongas una luz blanca radiante alrededor tuyo como una esfera que te cubre completamente, y en donde sientes protección, tranquilidad y armonía...

Y repite:

"Yo soy la poderosa presencia del Ser Crístico en mí, que me llena de su maravillosa "Luz blanquísima", y me mantiene invisible e invencible de cualquier energía negativa que busque perturbarme" ¡Así sea!

Conforme respiras, siente los músculos de tu rostro relajarse...alrededor de tus ojos, mejillas y barbilla... Inhala y exhala...

Siente, como tu cuello y hombros son más y más ligeros... Inhala y exhala...

Permite que tus brazos se relajen, hasta llegar a tus manos y dedos... Inhala y exhala...

Ahora todo el resto de tu cuerpo desde el pecho, bajando hacia tú abdomen, tus caderas, piernas, tobillos, y por último tus pies, los sientes más ligeros y muy relajados.

Volvamos a poner nuestra atención en aquella parte del cuerpo que sientas que sea tu centro... Desde este lugar, siente como una energía recorre tú cuerpo , va bajando lentamente hasta tus pies, y sigue hacia abajo conectándote con el centro de la tierra.

Siente, como esta misma energía sube recorriendo tu Ser, hasta que sale por la parte superior de tu cabeza, y sigue subiendo hasta conectarte con la Fuente Divina. Observa, como esta energía se expande y crece hacia afuera de tú cuerpo cada vez que respiras.

Contaré del 10 al 1 y, conforme avance, sentirás cómo tu energía se funde con la energía universal que te lleva hacia un lugar hermoso lleno de armonía en donde sientes que fluyes sin ningún esfuerzo...

10...9...8...7.... Cada vez te acercas más a éste lugar...6...5...4...3...2...1

Ya estás allí voltea a tu alrededor y, ¿qué es lo que ves?

¿Puedes verte en un determinado lugar? O simplemente, ¿es tu conciencia que está allí flotando?

¿Cómo te mueves? ¿Es lento tu movimiento o rápido? Haz cualquier ajuste que necesites...

Si te resulta difícil crear imágenes en tu mente, simplemente pon tu atención en lo que estas sintiendo, y déjate llevar...

Sigues avanzando y te das cuenta que al cruzar el puente existe un hermoso mundo, más allá de lo ordinario, y te sientes tan feliz por tanta belleza...

Permítete experimentar estas imágenes o sensaciones, y no trates de analizarlas, solo vívelas...

De pronto te das cuenta que más adelante conforme caminas existe un lugar maravilloso que parece como un gran templo antiguo. Es color blanco y hay dos puertas muy grandes. Ábrelas y entra a este lugar. Sientes lo fresco del mármol en tus pies, y mientras observas te das cuenta de una presencia luminosa que se acerca hacia ti...

Este es tu ángel, lo observas y no puedes creer tanta grandeza y hermosura...

Puedes sentir su energía y un calor muy especial que te llena de amor y paz

Ahora, pregúntale 3 veces

Ángel mío, ¿cuál es tú nombre?

Ángel mío, ¿cuál es tú nombre?

Ángel mío, ¿cuál es tú nombre?

Este ángel trae en su mano un pergamino; lo abre ante ti y entonces tu puedes leer con claridad su nombre...

-Mantente abierto a cualquier frase o nombre que venga a tu mente-

Tu ángel se siente feliz de este encuentro, y te recuerda que, solo el amor es real y que nunca has estado solo o sola.

Ahora, tu ángel te pide que lo acompañes a un salón dentro del mismo edificio, conforme caminas te das cuenta que hay otra puerta, esta es de color dorado. Tu ángel te dice que aquí es en donde verás o sentirás a otros seres de luz que desean conocerte...

Una vez que es abierta la puerta, se acerca hacia ti, otra figura o entidad; acepta con amor la primera impresión que recibas, no dejes que tu imaginación interfiera; déjate llevar...

Este es tu Espíritu Guía... Si de casualidad vez a un Maestro Ascendido, o uno de tus seres queridos que ya han trascendido, es porque desean darte un mensaje especial...

Este Ser, se acerca a ti y te abraza con amor; tienes una sensación de haberse conocido antes. Observa, ¿cómo es?

Ahora, puedes preguntarle, ¿cuál es tu nombre? Escucha...

Es tiempo de que le hagas cualquier pregunta que te inquiete. Podrás recibir imágenes, sonidos, o frases en tu mente. Tómate tu tiempo y recibe cualquier mensaje que llegue a ti...

Este Ser espiritual, ahora te pide que, voltees hacia el centro de este inmenso salón; entonces, observas y sientes como unas hermosas y radiantes luces se acercan hacia ti…

Puedes ver y sentir una inmensa y resplandeciente luz blanquísima con dorado. Él es, ¡Metatrón! El líder de todos los arcángeles…

Él te da la bienvenida y te dice que puedes acudir a él para conectarte con la divinidad y el amor universal. Metatrón te envía su luz, la cual sientes como va llenando todo tu ser...

Ahora, otra luz se acerca hacia ti de un color azul brillante…. es Miguel Arcángel, lo ves con su espada flameante y de poder. El te dice que está a tu lado para ayudarte en tus momentos de temor y angustia, él te libera de cualquier energía negativa que pudiera molestarte, y te brinda seguridad y fortaleza espiritual. Miguel Arcángel te envía su luz azul, y conforme la recibes te sientes en completa seguridad…

A su vez una luz verde como la esmeralda viene; él es Rafael Arcángel te dice que puedes recurrir a él, cada vez que necesites sanar tu mente, emociones y cuerpo, Dios le dio el poder de sanar, y para él no hay imposibles…Entrégale todos temores y emociones negativas, él las limpiará y transformará en luz!

Ahora se acerca una luz blanca tornasol, es el Arcángel Gabriel, que con todo amor te dice que puedes pedirle ayuda, cada vez que necesites dirección e inspiración para comunicarte y cumplir con tu misión y propósito en la vida.

Por último, vez como una hermosa luz anaranjada-rubí se acerca y te das cuenta que es el Arcángel Uriel, que por tener tantas habilidades y sabiduría, puedes recurrir a él, para ayudarte a tomar mejores decisiones en tu vida, así como protegerte sobre catástrofes naturales...

¿Te das cuenta que no estás solo o sola?

Te sientes feliz al saber que puedes recurrir a ellos siempre que los necesites, basta con que los invites a tu vida, y les pidas ayuda divina en todos los asuntos de tu vida.

Es tiempo ahora de que te despidas de los arcángeles así como de tu Espíritu Guía o cualquier otro Ser Espiritual y les des gracias, te recuerdan que están siempre a tu lado ayudándote y guiándote.

Por último, vuelves tu atención a tu ángel guardián, que te acompaña hacia el exterior de este templo antiguo, hasta el puente que llevará tu conciencia de regreso a tu cuerpo... Despídete de él dándole gracias por su amor incondicional y protección...

Enfoca de nuevo tu atención lentamente hacia tu cuerpo, siente como viajas por un puente de energía que te lleva de regreso a conectarte con tu cuerpo, pero de ahora en adelante toda esa energía positiva la traes contigo...

Contaré del 1 al 10 y regresarás sintiéndote muy feliz... 10, 9, 8, 7, 6, 5, 4, 3, 2, 1 Lentamente abre tus ojos ahora..

Puedes repetir estos ejercicios todas las veces que desees, así como adaptarlo a tu preferencia. Será una excelente herramienta que podrás utilizar en el momento que lo necesites. Imagina que de ahora en adelante, si algo o alguien intenta quitarte tu Paz, puedes recurrir a estos ejercicios para liberarlo. No más cargas del pasado, hoy en el presente, ¡eres libre!

EJERCICIO 2 PARA COMUNICARTE CON TUS ANGELES

Las experiencias con los ángeles son únicas y han demostrado que inspiran a las personas a vivir mejor y con mayor propósito. Estos ejercicios son solo un ejemplo, y no se requiere hacer rituales ni lo que algunos llaman, magia angelical. Mi punto de vista es que, cuanto más sencillo, mejor.

1.-Prepárate mentalmente, para el encuentro y busca un lugar tranquilo, con poca luz, y si lo deseas usa velas e incienso.

2.- Usa ropa cómoda que te permita relajarte y fluir en el proceso de la visualización.

3.-Escribe en un papel o en tu cuaderno de ejercicios, una pregunta muy específica y que la respuesta no sea un "si o un no", o que requiera una fecha de cumplimiento. Los ángeles se mueven en un nivel de vibración muy elevado, y no se rigen por tiempo y espacio.

4. Pide protección, imaginando que te encuentras dentro de una burbuja de color blanco y repite, la siguiente frase, o aquella que sea de tu predilección: **"Yo Soy la maravillosa Luz blanquísima que me envuelve y me protege de cualquier energía negativa que busque perturbarme, Así sea".**

5. Un corazón abierto a la experiencia, con una petición sincera es suficiente para que ser escuchados y recibir asistencia, protección e inspiración. Escribe al terminar, las imágenes, sensaciones, colores, palabras, o frases que vinieron a su mente, sin tratar de analizarlas. La intuición no tiene nada que ver con el proceso mental. La intuición solo es el canal por el que la divinidad y los seres angelicales se comunican con nosotros.

Comunicarnos a través de los Sentidos Intuitivos

La comunicación que podemos lograr tener con Dios, los ángeles y seres de luz; es por medio de el *Clariconocimiento, Clarividencia, Clariaudiencia y Clarisensibilidad*. Estos términos si los prefieres puedes cambiarlos, sin embargo, si dejamos nuestros juicios a un lado sobre si los términos que se exponen son buenos o malos, y simplemente, los usas como referencia para poder distinguir cada uno de los sentidos intuitivos, te facilitarás el proceso.

Mi objetivo no es forzarte a que uses algún término en particular, mi intención más bien, es que, identifiques tus sentidos de la intuición, dado a que al momento de desarrollar el discernimiento, te será de gran utilidad.

En mi libro *Código Intuitivo* hablo más a detalle sobre el tema, sin embargo aquí, retomaré los puntos más importantes para que los puedas poner en práctica inmediatamente, si así lo prefieres.

¿Cómo cambiaría tu vida, si usaras más del 10% de tu capacidad cerebral?

Constantemente estamos enviando y recibiendo información, similar a como lo hace una antena de radio o televisión. La información que recibimos procede del entorno, al igual que de personas, animales, lugares, situaciones de la vida diaria, y la naturaleza.

Abrimos automáticamente nuestros canales de intuición, cuando vivimos más en el momento presente, es decir, que nuestra atención está en el aquí y ahora.

Cuando me hacen la pregunta sobre si cualquier persona puede ser intuitiva, siempre les contesto: "Todos tenemos la capacidad de usar nuestros sentidos intuitivos, sin embargo algunas personas tienen más desarrolladas esas capacidades, pero con un poco de práctica constante y evitando que nuestra mente interfiera en la recepción de información, tu mismo te asombrarás de los resultados."

Con mucha frecuencia me preguntan también ¿Cómo puedo distinguir entre realidad y mi imaginación? A lo que respondo:

En algunas ocasiones ignoramos cuando recibimos información por el simple hecho de que pensamos que es nuestra imaginación, para después y después comprobar que era verdad. Aquí describo brevemente los sentidos de la intuición, refiriéndome a aquellos que *no* son físicos. Está comprobado que cuando una persona pierde la vista, se agudizan otros sentidos físicos pero también aquellos más sutiles.

Posiblemente se te facilite más recibir información por medio de un sentido intuitivo en particular; con la práctica podrás integrar los otros sentidos sin que tengas que hacer nada al respecto, todo se dará de forma natural.

※

Clariconocimiento: (Revelaciones, conocimiento, saber más allá de lo evidente).

Es uno de los sentidos más interesantes porque las personas no sienten una sensación o ven o escuchan nada; simplemente "saben cosas", pero no saben realmente cómo es que saben aquello. Durante mis lecturas o al recibir una primera impresión al conocer a una persona; de forma instantánea recibo mucha información a nivel mental, físico y emocional. En muchos casos, me resulta hasta abrumador porque no siempre cierro mi canal intuitivo, entonces estoy percibiendo prácticamente todo del entorno, animales y personas, sin filtrar la información.

El Clariconocimiento lo podemos desarrollar por medio de la meditación y visualizando una columna de Luz desde la parte superior de la cabeza hacia el cielo. De esta manera, la información, idea, concepto o pensamiento "solo te llega" ó puedes elegir hacer una pregunta y esperar a la respuesta. Un claro ejemplo, es cuando puedes saber quién está al teléfono antes de que lo respondas o saber cuando hay un peligro eminente. Tú solo "sabes algo", sin embargo puedes no saber por qué o cómo es que lo sabes.

Visión Intuitiva o Clarividencia

Visión Intuitiva, tiene que ver con recibir imágenes mentales, algunas a colores, otras veces como una especie de película que pasa muy rápido.

Puedes ver por ejemplo: A una persona, palabras, escena, algún objeto, luces, orbes de colores que flotan, auras, símbolos, seres queridos en espíritu, imágenes del pasado, presente y posibles futuros. Estas imágenes pueden aparecer en forma de fotografías estáticas, imágenes en movimiento, o en forma de película. Los sueños es una forma muy común de recibir mensajes angelicales.

En mi experiencia, la mejor forma de abrir el canal intuitivo de la visión, es que, al recibir imágenes mentales, nos mantengamos serenos, evitando caer en la tentación de analizar o juzgar lo que se está percibiendo.

Audición Intuitiva o Clariaudiencia

Personas que han compartido tener contacto con su ángel se refieren a que recibieron un mensaje telepático en donde la voz parecía ser la de ellos mismos, sin embargo, el mensaje contenía un vocabulario y sabiduría que ellos mismos sienten no hubieran podido expresarse de esa manera. La audición intuitiva, te permite también, escuchar sonidos, palabras, oraciones, pensamientos, tonos, música, campanas, timbre, zumbido y canciones.

En mi caso, es una combinación de varios elementos y nunca un mensaje es igual que otro; por lo tanto, siempre estoy aprendiendo. No juzgo solo percibo. Cuanto más sencillo el proceso, mejor.

En ocasiones estos sonidos y palabras son inaudibles al rango normal de audición y con frecuencia parecen venir de dentro de tu cabeza o "de ningún lugar" no físico pero, muy real a la misma vez.

Empático, Kinestésico o Clarisensibilidad

Se percibe información por medio de una sensación dentro del cuerpo físico o en el exterior, a través de la superficie de la piel. Desde "mariposas en el estómago" hasta escalofríos, dolor en el estómago, tensión muscular, dolor de cuello y espalda, una sensación de presión en el pecho, sudoración de manos, sentir lo que la otra persona siente. Existen múltiples sensaciones, estas son por citar algunos ejemplos.

Los sentidos intuitivos menos utilizados es ser Clarigustante, se refiere a probar psíquicamente o intuitivamente una sustancia, líquido o comida, sin haber puesto realmente nada en tu boca. Hay personas que han compartido que, al entrar en una habitación que pertenecía a un ser querido que ya partió a otro plano; pudieron percibir el aroma del perfume que utilizaban en vida, o en otros casos, las flores de su predilección sin que se encontraran las mismas en la habitación.

Recuerdo que en una ocasión, estaba trabajando en mi computadora, de repente empecé a sentir un sabor a café en mi boca, acompañado de un rico aroma... No tenía ni la menor idea por qué me sucedía aquello. Acto seguido, vino a mi mente una de mis mejores amigas, y justo en ese momento ella me llamó por teléfono y me dijo: "Lily, estoy en una cafetería... ¿quieres que te lleve un café?".

A decir verdad, me sorprendí bastante, y lo mejor es que a partir de ese momento mi sentido intuitivo del olfato y degustación se desarrolló notablemente." (Tomado del libro Código Intuitivo).

Ejercicio para Conectarte con los Sentidos Intuitivos

Busca un lugar tranquilo en el que preferentemente te encuentres a solas. Siéntate cómodamente, cierra tus ojos y empieza a tomar conciencia de todo lo que tus sentidos físicos pueden percibir. Cada uno de tus sentidos físicos te dará información de tu entorno, solo presta atención.

1. Empieza por percibir lo que escuchas a tu alrededor tanto cerca como lejos de donde te encuentras.
2. Concentra tu atención en lo que tu piel y tu cuerpo sienten...

3. Ahora, inhala profundamente y percibe todos los aromas que a tu alrededor...

4. Abre tus ojos nuevamente y observa cada detalle del lugar donde te encuentras. Quizás puedas ver algo que no te habías dado cuenta y ahora se muestra ante ti.

5. Observa los objetos como si quisieras memorizarlos.

6. Vuelve a cerrar tus ojos y trata de recrear en tu mente lo que observaste anteriormente.

¿Qué sucedió?

¿Cómo te sentiste?

¿Qué ha cambiado para ti?

Recuerda, escribir todas tus respuestas en tu cuaderno, o si lo prefieres grábalo, para que cuando lo requieras, puedas acceder a tus notas.

Preguntas claves para la recepción de datos e información

Las preguntas que nos hacemos todos los días en los diferentes asuntos de nuestra vida, así como en los ejercicios de este libro, cambian en la mayoría de los casos, nuestra perspectiva sobre la vida y todo lo que experimentamos. Cuanto más concreta sea la pregunta de la que requieras obtener una respuesta sobre cualquier personal o profesional, facilitará considerablemente el proceso.

Las siguientes preguntas que te comparto, te ayudarán a recibir con mayor claridad respuestas, usando cada uno de tus sentidos intuitivos. De esta forma, tu experiencia será más rica en sensaciones, imágenes y datos claves para tu respuesta.

Recuerda tener a la mano tu cuaderno, hojas, pluma y grabadora para facilitar el hecho de que nada te distraiga.

1.-¿Qué es lo que vez?

2.-¿Qué es lo que escuchas?

3.-¿Qué es lo que saboreas?

4.-¿Qué es lo que sientes?

5.-¿Qué es lo que hueles?

6.-¿Qué es lo que pasa por tu mente?

Una vez que termines de contestar las 6 preguntas, trata de recibir un poco más de información: ¿Qué más necesito saber?

Cuando sientas que no recibes más información, termina y registra todo por escrito o bien, grábalo sin editarlo. La razón de esto, es que al querer editarlo entonces le das permiso a la mente de interferir.

A continuación, elabora un resumen y observa si hay datos, símbolos, frases, sensaciones etc. que se repiten. Por último escribe tu nombre, hora y día del ejercicio.

Código Intuitivo

¿Qué es Código Intuitivo?

Código Intuitivo es una herramienta que sirve para desarrollar tu intuición y te permite recibir aún más información al utilizar la *Llave de Acceso de Código Intuitivo*. Cuando es utilizada, como resultado tu intuición la llevas a un siguiente nivel.

Código Intuitivo y la *Llave de Acceso*, te facilita entrar a los archivos de una memoria universal; por lo tanto, la información recibida es más detallada, amplia, inspiradora y sorprendente.

Por medio de esta serie de herramientas y procesos, te ayudará a acceder a un conocimiento e información que creías que no era posible, y que siempre ha estado allí disponible para los buscadores serios, con la intención de contribuir a la humanidad.

Descubrirás que la *Llave de Acceso*, te abres a un nuevo mundo, en donde cada una de tus decisiones y elecciones, marcarán la diferencia de cómo empieces a vivir de ahora en adelante. Lo sé muy bien, porque lo he experimentad. No dejo de sorprenderme de las nuevas formas de utilizarlo; por ejemplo, en mi carrera, en nuevos estudios, en mis relaciones de familia y pareja, así como con mis clientes para poder ayudarles mejor. La lista puede continuar, basta con explorar; los límites los pones tú.

Algunos de los usos y beneficios que obtendrás al aplicar *Código Intuitivo*:

- Aquietar tu mente y hacer las preguntas correctas para obtener las respuestas que estén más en armonía con el presente y futuro que deseas crear.

- Podrás contribuir en la vida de otras personas cuando pidan tu apoyo o guía.

- Elevarás tu vibración de tal manera que los demás se sentirán más atraídos hacia ti.

- Tu capacidad de manifestar de forma consciente y creativa se incrementará.

- La forma en que enfrentas situaciones complejas las podrás resolver inmediatamente.

- Encontrarás tu propósito de vida ya que este se te revelará de forma natural.

- Tu memoria, creatividad y poder de concentración se incrementará considerablemente.

- Podrás percibir cuando una persona está enferma y ayudarle si así lo deseas.

- Tu nivel de consciencia se incrementará.

- Te sorprenderá la rapidez con la que percibes las situaciones e información con mayor detalle.

- Podrás dejar el miedo y la incertidumbre en el pasado, ya que tus decisiones estarán basadas en una sabiduría mayor y no desde el ego. Esto, y más descubrirás cada día.

Si te parece que es demasiado bueno para ser verdad, ¿qué te parece si lo descubres por ti mismo?

Si un día eliges leer el libro de *Código Intuitivo*, te sugiero que lo hagas con la misma curiosidad y apertura que lo haría un niño. Dejar de lado por un momento, la mente y simplemente pregunta, ¿qué puedo descubrir el día de hoy, si tan solo lo permito? ¿cómo cambiaría mi vida en los próximos días, meses o años?

Mientras tanto, el aplicar cada uno de los ejercicios que vienen en este libro, inspirados algunos por *Código Intuitivo*, te simplificará el proceso, y te dará mayor seguridad.

Hay muchas creencias y juicios sobre el uso de la intuición, sin embargo, el aprender a ejercitarla, te dará mucha seguridad al momento de tomar decisiones en tu vida. Después de todo, tu vida puede ser más sencilla de lo que crees.

Mis Experiencias con Seres de Luz

Aún me parecen tan frescas algunas imágenes de mi niñez, —inclusive cuando era una bebé—, así como recuerdos de eventos, que por alguna razón, se quedaron en mi mente conforme fui creciendo.

Recuerdo una ocasión, en la que platicaba con mi mamá, sobre algunas memorias de mi niñez. Empecé a relatarle, cómo es que recordaba, un día que íbamos de visita a casa de su amiga… Llevaba un vestidito blanco tejido, con hilo color azul-verde en los holanes de la falda; unas calcetas a la rodilla, zapatos blancos de charol y peinada con dos "coletas" en mi cabeza. Iba sentada al frente con ella, emocionada de que vería a la tortuga enorme que tenía la amiga de mi mamá, en su casa. Recordaba inclusive, la raspadura en la rodilla derecha, a causa de una caída fuerte, por correr y jugar; así como el medicamento, para ayudar a la cicatrización.

Conforme continuaba relatándole a mi mamá lo que recordaba, podía ver en su rostro, una expresión de sorpresa mientras me decía, "Lily, ¿cómo es que recuerdas eso?, ¡tenías tan solo 4 años!".

Y contesté, "¡No solo recuerdo eso! recuerdo cuando gateaba y veía mis rodillas empolvadas, así como, cuando trataba de hablar".

Son muchos los recuerdos que aún tengo presentes; tanto de la vida diaria, como los de mis sueños y experiencias al dormir. Los recuerdos, incluyen aquellos instantes en estado de vigilia, en los que mi mente, parecía estar como en otro mundo. Un mundo lleno de fantasía; un mundo en donde todo lo que me rodeaba tenía colores brillantes, y en el que se me facilitaba "ver", la energía de las personas, animales, plantas y la mayoría de las cosas que me rodeaban. Era interesante poder "ver" inclusive, la energía de sufrimiento en las personas, aunque trataran ellos, de disimularlo con una sonrisa.

Fui creciendo, y aunque siempre estaba rodeada de mi familia y amigos, por alguna razón, sentía que algo faltaba. Había un momento especial en el día, donde mi corazón rebosaba de paz y alegría; era justo en el momento de prepararme para ir a dormir y soñar.

Alrededor de los 10 años de edad, tenía un ritual para antes de dormir, que consistía en bañarme, usar un guante color rosa satinado —que tenía talco en su interior—, lo aplicaba suavemente sobre mi rostro y después, me vestía con un camisón largo color rosa, y al final —después de cepillarme mi largo cabello en ese entonces—, me colocaba un listón blanco a manera de diadema sobre mi cabeza.

Para mí, este ritual diario, representaba el prepararme para vivir en mis sueños, una nueva aventura; con seres que venían a jugar conmigo, mientras que otros me llevaban a lugares distantes, para aprender sobre temas de espiritualidad.

Aunque tenía mis amigas y amigos de escuela, no sentía que me querían de la misma forma, que lo hacían los seres de luz, en mi mundo de fantasía y sueño. Sentía que en el "mundo real", todo era más denso; me intimidaba hasta cierto punto, la forma en que algunas personas se comportaban y vivían.

Podía observar, que el mundo físico tenía una dualidad que me confundía. Por un lado, había una hermosa naturaleza que admirar y personas amorosas; y por otro lado, personas haciéndose daño, tomando ventaja unos de otros, guerra, violencia, robo, enfermedad y desastres naturales.

Mi corazón de niña, sentía una fuerte opresión e impotencia porque, ¿qué podía hacer al respecto?, ¿cómo mejorar eso? Nadie me tomaba en serio, no solo por mi edad, sino porque creían que lo único que pasaba por mi mente era jugar y comer dulces. Entonces, ¿cómo podía ayudar? Nadie sospechaba, que mi corazón sufría, al sentirme tan pequeña, ante algo que tenía un impacto mundial, y en el cual, yo no podía hacer nada.

Llegué a sentir sobre mis hombros, una pesadez, al pensar que tenía que hacer algo por la humanidad. ¿Cómo yo podía hacer algo? Me sentía pequeña, ante una tarea tan grande.

Al acostarme a dormir, iniciaba mi comunicación con Dios y sus ángeles por medio de la oración. Era el momento, en que me sentía más a salvo, lo llamaba, "nuestro momento". Resultaba sencillo entablar una comunicación abierta, sin miedos o juicios; un momento en donde experimentaba solo amor.

Oraba a Dios, por las familias, por los enfermos, personas sin hogar, por los niños del mundo y por todo aquello que venía a mi mente. Muchas veces me quedé dormida en medio de mis peticiones. Sin embargo, lo hermoso era escuchar en mi mente, susurros de una voz que, —aunque no podía distinguir si era femenina o masculina— simplemente se hacía presente, llenándome de un sentimiento de profunda paz.

Se me dificulta recordar cada una de mis experiencias, ya que parecen estar ancladas en mi corazón, más que en mi mente. Compartiré contigo algunas de ellas, sin pretender que las consideres experiencias reales. Debo confesar que, ante tanta belleza, yo misma lo he puesto en duda.

Al transcurrir del tiempo, y con todo tipo de inquietudes que pasaban por mi mente; tomé conciencia de que no me correspondía ayudar a "salvar al mundo". Era mas bien, que debía recordar quién en verdad soy como hija de una inteligencia superior y, compartir el mensaje que Dios puso en mi corazón desde antes de nacer, sin que por ello, me sintiera responsable, por la aceptación o rechazo de los demás.

Una noche, escuché un susurro en mi mente, que me dijo: "Todo está bien" "Yo hablaré a través de ti, si lo permites, solo confía…" Recuerdo que, mientras escuchaba, caí en un sueño profundo, en donde veía ante mí, dos portales enormes que me llevaban hacía un lugar indescriptiblemente hermoso; —así eran muchas de mis noches—, al pasar los años, siempre tenía historias que contar. Por lo regular, las compartía con mi familia durante el desayuno, a lo que respondían, "Lily, ¿de dónde sacas tanta imaginación?"

Mis sueños, ¡eran algo más que imaginación! Representaba visitar mi verdadero hogar, un lugar que me transmitía amor, paz y gozo. Mi hogar, del cual no entendía el por qué me habían separado de él.

¿Cuál era el propósito?, ¿por qué me encontraba viviendo en un lugar que me provocaba un fuerte sentimiento de dolor en el pecho, cada vez que observaba sufrimiento?, ¿por qué vivía en un lugar en donde, parecía que todos estaban dormidos durante el día, y no hablaban de Dios? Todo lo que escuchaba eran preocupaciones, quejas, y críticas.

Mucho había que aprender, muchas historias vendrían a formar parte de mi vida; y faltaba también, descubrir o recordar un propósito que estaba sellado en mi corazón. La ansiedad que me provocaba, desear regresar a lo que llamaba mi verdadero hogar, ha desaparecido. Se ha convertido en una espera paciente; en donde ahora puedo observar un mundo, que está despertando y recordando quiénes en verdad somos como humanidad.

¿Será acaso que, debía despertar y recordar cómo crear mi paraíso terrenal ?, ¿será que mi propósito, estaba relacionado con ayudar a otros, a despertar? Bueno, más que contestar a esas preguntas, he aprendido a estar presente en el aquí y ahora. Una de las preguntas más importantes de mi vida, que practico diariamente son:

¿Dios, cómo puedo ser una contribución, el día de hoy?

¿Espíritu Santo, qué quieres que hagamos el día de hoy?

∽

Divorciarme, fue una experiencia muy dolorosa. Creía que el día en que me casara, viviría mi cuento de hadas, "y fueron felices por siempre". Sin embargo, descubrí que para mantenerme fiel a mi esencia, debería tomar la decisión, de aprender a dejar ir lo que no era más para mi crecimiento. Se puede llegar a ser amigo de tu ex pareja, y desearle lo mejor, cuando sueltas tus ideas pre concebidas sobre el amor y el matrimonio.

La falsa creencia de, "juntos hasta que la muerte los separe", no solo ha sido mal interpretada, sino que, ha forzado a muchas parejas a vivir miserablemente e infelices por cumplir con las expectativas de la sociedad —y la religión en algunos casos—, una sociedad, que en ocasiones, es más lo que juzga y señala, sin importarles realmente tu felicidad.

El matrimonio, no creo que tenga nada que ver con ataduras, sino más bien, elegir conscientemente con quién deseas compartir momentos en tu vida, siendo la mejor persona que puedas ser.

En aquellos instantes, en los que llegué a sentirme culpable, por creer que no estaba cumpliendo con lo que Dios demandaba de mí; pedí por guía y discernimiento. Me quedé dormida con ese último pensamiento, y entonces, uno de los sueños más bellos tuvieron lugar esa noche…

Me veía visitando un lugar en donde había una gran estructura de metal de color cobrizo, —similar a cuando se está construyendo un edificio—, entonces, vi a un grupo de personas vestidas de blanco que subían un elevador que los llevaría hasta la parte más alta de la estructura de metal.

A mi turno, subí el elevador, y al abrirse la puerta, vi a un grupo aún mayor de personas vestidas de blanco… Actuaban como si me conocían, pero al menos yo, no les recordaba.

Al salir del elevador, seguí caminando hacia las personas, que estaban formadas en línea. Observé que la línea terminaba muy cerca de la orilla o borde de la estructura de metal, de la cual se podía ver desde lejos, que había un gran abismo…

Lo que despertó mi curiosidad, fue el darme cuenta, que ellos me observaban esperando a que yo les dijera algo. En un instante tuve claridad, y recordé que estaban esperando a que les diera indicaciones.

A todos los presentes, se nos estaba poniendo a prueba nuestra fe. Teníamos que lanzarnos uno a uno al vacío, y confiar en que una fuerza superior nos protegería de caer al suelo y morir.

Sentí, una fuerte energía envolvente, que crecía desde el centro de mi corazón y se expandía hacia el exterior de mi cuerpo físico. Fue entonces, que les dije: "Repitan en voz alta, el nombre del Ser, por quien ustedes sienten fe y, ¡salten!

Fui la primera en acercarme al borde de la estructura, podía ver un enorme precipicio a mis pies, y al sentirme lista, repetí: "¡Dios mío, aquí estoy!" Sin dudar, abrí mis dos brazos, lanzándome al vacío, sintiendo que mi cuerpo caía a gran velocidad, mientras la frescura del viento acariciaba mi rostro. Al momento, sentí desintegrarme, para dejar de ser "yo", fundiéndome con un Todo.

Comprendí que, mientras soñamos, el tiempo y el espacio no existe. Recuerdo, que volé por los alrededores disfrutando de la naturaleza y, cada vez que volteaba y observaba aquello que llamaba mi atención, sucedía algo maravilloso, ¡me convertía, en aquello que admiraba!

Fue entonces que, en mi sueño vi, que todo era bello; que yo era el agua, el árbol, la montaña, los animales, el cielo mismo, y sentí a Dios.

Regresé con el grupo de personas, sintiéndome muy emocionada, ¡quería volver a saltar! En esta segunda ocasión, sin saber por qué, repetí tres veces el nombre "Metatrón", y salté. En esta ocasión, mientras caía al vacío, sentí que algo, —como una especie de resorte—, me jalaba hacía arriba, mientras que al mismo tiempo, me volteaba en dirección al cielo. En ese momento, pude ver una hermosa figura gigante que, con la energía que salía de su enorme mano, me sostenía y me acercaba lentamente hacia él.

Sabía en mi interior, que se trataba de un arcángel. No encuentro palabras que describan su belleza, y el sentimiento de paz y amor que me transmitía, a través de su mirada.

Mientras el arcángel me iba subiendo lentamente, mi mirada estaba fija en él. No podía pronunciar palabra alguna, era un instante breve y eterno al mismo tiempo. Fue un instante de amor incondicional, en el cual pude comprender que Dios jamás me había juzgado por mi divorcio, ni por mis pasados errores. Sin importar lo que pasara, yo seguiría siendo su niña.

Al despertar, empecé a llorar de emoción y asombro. Quería volver a cerrar mis ojos y continuar soñando, sin embargo, mi hija Sophia que en ese entonces tenía cinco años, estaba a mi lado dormida, y justo mientras la observaba, abrió sus ojos y me dijo: "Mami, ¿qué crees? ¡Tuve un sueño hermoso!"

Aunque ella no recordaba su sueño, pude sentir que algo fuera de lo cotidiano nos había sucedido. Después mi hija me preguntó: "Mami, ¿cómo es Dios? ¡quiero conocer su rostro!".

Esa noche, ella tuvo un sueño hermoso… Se despertó llorando y me dijo: "¡Mamá, soñé que me subía a una mano gigante, yo era tan pequeña, pero me sentía segura, no sentía miedo, entonces, ¡Vi el rostro de Dios, y era Luz!"

Me costó trabajo contener las lágrimas. Decidí compartirle a ella mi sueño con el arcángel, sintiendo alegría porque, tenía cerca de mí, a una persona que veía el mundo de igual manera. Era una confirmación más de que, Dios se estaba manifestando, recordándonos que, siempre seremos sus hijos.

Somos parte, de una fuerza inmensa de amor puro, sin palabras que la puedan describir. Este tipo de experiencias, se ha quedado en nuestra memoria, como un sello que jamás podrá desaparecer. Hoy, mientras escribo esto, vuelvo a sentir ese gozo y deseos de llorar, al recordar con tanta claridad lo vivido. Para mí no fue un sueño, para mí fue tan real, como que en este momento estoy aquí escribiendo para ti.

∽

¿Cuántas veces, hemos sentido soledad, miedo, incertidumbre y falta de comprensión? No estamos solos, Dios es real; es más real que lo que llamamos nuestro cuerpo físico.

¿Cuál es tu disposición, para confiar plenamente en la Divinidad? Tu relación con la Divinidad, es lo más importante; todo lo demás es efímero e ilusorio. No obstante, aprender a relacionarte contigo, desde una posición de cero juicios, culpas o auto castigo, es crucial para vivir con gozo. Descubres que aquello que antes juzgabas como desagradable, malo o feo; ya no tiene la menor importancia.

Después de mi experiencia, tenía presente el nombre "Metatrón"; jamás lo había escuchado, así que me di a la tarea de investigar, y para mi grata sorpresa, encontré información, en donde mencionaban que efectivamente, "Metatrón" es uno de los arcángeles de Dios. Fue un momento hermoso, en el cual una vez más, tuve la confirmación de que no había sido un sueño solamente.

Había una propósito tras la experiencia, que me ayudaría a fortalecer mi relación con Dios y seres de luz. Las dudas se disiparon, encontré paz y hasta el día de hoy es mi fortaleza en todo momento y prueba.

Maestros Ascendidos

Un Maestro Ascendido, es un Ser, que ha logrado perfeccionar su alma, por medio de la auto disciplina, trabajo personal y esfuerzos interiores, generación tras generación, en la misma dirección, durante numerosas encarnaciones sucesivas, conmovidos por el amor Divino.

Se cree que los Maestros Ascendidos, son seres de una alta frecuencia vibratoria, cuya morada, se encuentra en un plano más elevado, debido al cumplimiento de su misión y propósito, que consiste principalmente, en entrenar y guiar a sus discípulos, en su recorrido por el camino espiritual, para ayudar así, a la humanidad en la elevación de la consciencia.

Algunas almas evolucionadas, que han sido considerados como Maestros Ascendidos son: Jesús, Juan Bautista, Krishna, Mahoma, Buda, San Francisco de Asís, Padre Pío, Serapis Bey, El Morya, Paramahansa Yogananda, Madre Teresa de Calcuta entre muchos otros. Sin embargo, más allá de un nombre al que tratar de invocar, es el reflejo del amor divino a través de sus hijos.

El Maestro Ascendido, es un Ser, con el amor, sabiduría, intuición, y dones espirituales completamente despiertos, usados de acuerdo con la voluntad divina para contribuir en el despertar de la humanidad.

Inspirar y conducir el destino de la humanidad hacia su desarrollo, representa uno de los actos de amor más hermosos, siendo un claro indicativo que no estamos solos, aunque en ocasiones sea ese nuestro sentir. La relación que cada persona desarrolle con alguno o varios de los Maestros Ascendidos, es personal.

Al final, lo importante son las enseñanzas que vienen a aportar a nuestras vidas, con la única finalidad de ayudarnos a recordar el camino de regreso a casa.

Una relación con los Maestros Ascendidos, no es obligatoria para vivir con mayor propósito. Digamos más bien que, tenemos a nuestra disposición, el acompañamiento de seres de luz amorosos, que son una invitación a que recordemos quiénes somos; el por qué y para qué estamos encarnados en este planeta y, que además son pacientes en nuestro proceso de elevación de la consciencia.

Si eliges incluirlos en tu vida, está bien; si prefieres no hacerlo también está bien. Dios tiene muchas formas de llegar a ti, para que lleves una relación personal con *Él*.

Espíritus Guías

El propósito es vivir en plenitud, recorriendo el camino que has elegido, no el que alguien más haya elegido por ti. Sin embargo, en tu andar por la vida, no significa que tengas que hacerlo solo. Al igual que cuentas con el amor de Dios, la ayuda de los Ángeles y Maestros Ascendidos; existe otra categoría de Seres, cuyo propósito es muy similar, sin embargo, pocos les conocen.

Tiempo atrás, creía que yo no estaba familiarizada con el tema de los Espíritus Guías, porque a decir verdad, no había escuchado ese término. Pero después de un tiempo descubrí, que siempre había recibido mensajes, guía, y compañía por parte de éstos seres maravillosos, cuya labor es de suma importancia, en nuestro camino espiritual.

¿Qué es un Espíritu Guía? Son seres que anteriormente, han habitado en este plano físico, ya sea como hombre o mujer, y pueden ser de cualquier raza o cultura. Los Espíritus Guías, nunca han sido ángeles y a través de su labor, ellos siguen evolucionando hacia otros niveles de consciencia.

De acuerdo a las enseñanzas que he recibido directamente de mis Guías, cada uno de nosotros, tenemos a uno o varios Espíritus Guías, que nos acompañan; y al igual que los ángeles, cuidan de nosotros. Los Guías nos brindan su apoyo y conocimiento adquirido a lo largo de su existencia; por lo tanto, su misión principal, es asegurarse de que cumplamos con nuestra misión y propósito de vida, de acuerdo a nuestro contrato divino.

Muy rara vez, un ser querido que se nos haya adelantado, desempeña el papel de Espíritu Guía. Cuando nosotros dejamos este plano físico, ellos también nos acompañan hacia el "Otro Lado" junto con nuestros ángeles, familiares y ancestros. Cada experiencia al dejar este cuerpo físico es diferente, sin embargo, en lo que es similar, es el que jamás estamos solos. Siempre podemos contar con la ayuda incondicional de nuestros Guías.

Un Espíritu Guía, siempre va a respetar nuestro libre albedrío, sin embargo va a hacer todo lo posible por persuadirnos —de ser necesario—, por nuestro propio bien.

Constantemente nos están transmitiendo mensajes varias veces durante el día, de diferentes maneras. Sin embargo, al no estar acostumbrados a su existencia, no prestamos atención a sus mensajes y consejos, considerándolos inclusive parte de nuestra imaginación. Basta con empezar a guardar silencio para que empecemos a percatarnos de su asistencia.

Imagina por un momento, lo frustrante que sería para ti, que se te encomendara la tarea, de guiar a una persona, que ni sabe que existes, o que quizás nunca crea que existes.

¿Qué harías, para demostrarle que sí existes?

¿Qué harías para hacerle saber que puedes ayudarle?

¿Cómo te sentirías, si fueras el Espíritu Guía, que está en espera que le reconozcan, para entonces poder transmitir conocimientos, experiencia y ayuda, a la persona que te han encomendado?

En las enseñanzas que he recibido, me explicaban que, mientras nos encontrábamos en otro plano o dimensión, —antes de que encarnáramos en la Tierra—, con la ayuda de nuestro Espíritu Guía; decidimos cuáles serían las lecciones que deberíamos de aprender en esta vida, para nuestra realización y desarrollo espiritual.

Cuando vemos las cosas desde ésta perspectiva, nos damos cuenta que el papel de víctimas o victimarios desaparece; y empezamos a entender que, todo lo que experimentamos tiene en si un propósito y tiempo perfecto. Nada es casualidad y todo obedece a un orden divino perfecto.

Hay muchas situaciones difíciles que podemos evitar o superar, si aprendemos a contactarnos con lo Divino, y si nos apoyamos también de los seres de luz.

Nuestros Espíritus Guías, tienen el amor, la fortaleza, paciencia, sabiduría necesaria para apoyarnos de la mejor manera. Son nuestros amigos a lo largo de la jornada y podemos contar con ellos en todo momento. Bien podemos tener uno o varios Espíritus Guías, según sea necesario.

Depende de ti, entablar una comunicación con tu Espíritu Guía, así como lo haces con tus ángeles. Lo importante, es ser constante en tu comunión con Dios.

La comunicación con los Guías es similar a la de los ángeles, y la razón es muy sencilla. Los seres de luz, fueron creados para guiarnos para que se cumpla con nuestro "Contrato Divino". Basta una intención clara por parte de la persona, para percibir su presencia. Un Ser de luz, jamás te pedirá que hagas algo, que atente contra tu seguridad o la de los demás. La guía, está enfocada en llevarte por el camino del bien y de la autorrealización.

¿Cómo Distinguir si el Mensaje es Real?

Además se usar como referencia, los pasos para comunicarte con los ángeles; otras formas en las que puedes distinguir cuando recibes un mensaje real, por parte de los Guías, se puede resumir de la siguiente manera:

Mensaje Real

- Sientes paz, consuelo y armonía.
- Recibes inspiración para hacer algo que no habías considerado, y que está relacionado con tu misión y propósito de vida.
- Te sientes con más energía y seguridad para actuar.
- No sientes miedo.
- La información es inspiración y te hace reflexionar.
- Puedes escuchar o recibir señales que te protegen de algún peligro.
- Un Guía nunca te obligará a hacer algo que no quieres.

¿Te ha sucedido alguna de estas experiencias?

De ser así, escríbelas tratando de recordar los detalles de la experiencia.

Mensaje Falso

- Sientes temor o escalofríos.
- El supuesto guía, tiene un nombre impresionante o histórico.
- Te dice qué debes de hacer, no respeta tu libre albedrío.
- Te dice que lastimes a alguien o a ti mismo.
- Te dice que eres el elegido, o especial.
- Te dice que el mensaje es vital para salvar al mundo.
- El mensaje es intimidante o te provoca miedo e incertidumbre.

En el caso de que en algún momento has recibido mensajes falsos, haz oración con la seguridad que nada puede dañarte, al menos que tú te involucres en actividades o rituales que nada tiene que ver con Dios.

La lista puede continuar, te invito a que te dejes guiar por tu intuición, y en todo momento pide a Dios y sus ángeles que te protejan y te den la sabiduría y discernimiento para tomar las mejores decisiones.

Si por alguna razón no te sientes familiarizado con los Guías y prefieres no entablar comunicación, está bien; lo más importante es tu relación con la Divinidad e invitar al Espíritu Santo que te guíe en cada uno de tus pasos.

Elevando y Expandiendo Tu Vibración

"La energía que se expande a través de tu cuerpo físico, no es otra cosa, que la energía capaz de cambiar el mundo de las formas y la ilusión, por el mundo del amor"

Estamos siendo testigos, de un tiempo de constante cambio y transformación a nivel global e individual. Somos testigos de eventos que nos dejan sin palabras, sin respuestas del por qué o para qué suceden. Analizar los eventos y sus posibles razones de ser, ya no es tan importante. La pregunta que podríamos hacernos sería, ¿de qué manera puedo ser una contribución para que los cambios que estamos observando, sean cambios de renovación y transformación, sin que por ello, vengan acompañados de dolor y sufrimiento?

¿Qué puedo hacer el día de hoy que me permita elevar mi vibración, para así ayudar a que otros a que hagan los mismo?

Las vibraciones, se elevan de forma natural, cuando elegimos vivir con alegría, gratitud y curiosidad como lo hacen los niños. Con el paso del tiempo nos volvemos ocasionalmente, serios y formales, dejando atrás la actitud espontánea, que nos lleva a disfrutar más la vida.

Hemos creído, que estamos separados de todo; de las personas, de la vida misma. Lo que nos rodea, es un reflejo de nuestro interior así de simple; pero a veces, resulta más sencillo vivir en negación.

Cada persona eleva su vibración, al contribuir en la vida de los demás. Bien puede ser, dedicándoles tiempo, dando terapias, escuchando a quien lo necesite, donando a una buena causa y participando en grupos de apoyo; por mencionar algunos.

Al elevar o bajar la vibración, estamos impactando nuestra vida, la del entorno y el planeta. El escuchar y ver noticias sobre eventos tristes o desagradables, no favorece la elevación de la vibración. Nuestros pensamientos de juicio sobre aquello que nos resulta desagradable, al igual que participar en las críticas de otros, baja considerablemente el nivel de frecuencia vibratoria.

Si tan solo, pudiéramos hacer el compromiso diario, de realizar por lo menos una actividad, encaminada a ayudar a las personas, animales, naturaleza y planeta en general, nuestra vida daría un giro positivo. Que los tiempos de cambio, sean una oportunidad de unión y crecimiento, en lugar de estancamiento o decadencia.

Pregunta todos los días al despertar:

1.- ¿Qué quiero ser y convertirme este día que me permitirá ser una contribución al mundo?

2.-¿Qué es aquello que realmente quiero hacer, que si lo hago, transformará mi vida en todas las áreas, y vivir en total plenitud de mi Ser?

3.-¿A qué personas puedo y me permito agradecer por todo lo que han traído a mi vida? La gratitud, la puedes enviar mentalmente pero, ejercerá un mayor impacto si lo haces frente a frente. Tú no sabes el bien que le harás a esa persona porque, algunos están deseosos necesitando de palabras que les recuerden el por qué están aquí.

4.-Al igual que en otros ejercicios, elabora una lista de aquellas personas que creas que te han lastimado y escríbeles una carta como si se las fueras a entregar. En la carta, expresa todo lo que piensas y sientes hacia ellos y después, repite mentalmente que las dejas ir en amor y que son libres. Cuando hagas esto tu mismo te sentirás más ligero y quitarás de ti toda carga emocional.

5.-Gratitud: Es una de las formas más sencillas y rápidas de elevar tu vibración ya que al hacerlo le estás mandando un mensaje al universo de lo abundante que eres, entonces el universo te brindará aún más. Si por el contrario tu lenguaje es de constante escasez te enviará multiplicada la escasez.

6.-Que tus palabras y acciones sean siempre una invitación a ser mejores y a disfrutar realmente la vida.

7.-Todos los días incluye actividades que te hacen feliz.

Otras formas de elevar tu vibración: Escuchando música, cantando, bailando, caminando, corriendo, jugando, riendo, viendo un documental, tomando el sol, rodéate de naturaleza, pintando, pronunciando frases positivas, escribiendo, leyendo, amando, ejercicios de respiración, imaginando cosas bellas, sanando a otros etc. Elige que todo lo que veas, escuches y toques, sea bonito, positivo, regenerador e inspirador; de lo contrario sin darte cuenta bajas la vibración tuya, de tu casa, entorno, y gente que te rodea.

EJERCICIO

1.-Escribe una lista de todas aquellas actividades que disfrutas hacer y te ayudarán a elevar tu vibración:

2.-Escribe por lo menos 2 actividades que te comprometes a realizar por lo menos 2 a 3 veces por semana. Y por último a un lado de cada actividad la fecha de inicio. Recuerda, te estás comprometiendo en cambiar radicalmente tu vida!

Protección Espiritual

"Porque no tenemos lucha contra sangre y carne, sino contra principados, contra potestades, contra los gobernadores de las tinieblas de este siglo, contra huestes espirituales de maldad en las regiones celestes." Efesios 6:12 Reina-Valera 1960 (RVR1960)

Este es un tema, que por un lado me llena de gozo al recordar, las múltiples ocasiones en que he recibido protección divina y angelical. Por otro lado, cuando recuerdo algunos de esos mismos episodios, mi piel se eriza porque no es agradable cuando has estado expuesta a seres o energías alejadas de la luz divina.

Alrededor del año 1999, me mudé a una casa muy linda, que tenía un patio muy amplio y era la única construcción en una privada. Al empezar a guardar mis pertenencias dentro de uno de los armarios, descubrí que estaban escondidos unos libros de ocultismo, que a simple vista se veían espeluznantes. Mi cuerpo se estremeció por el escalofrío y pesadez que sentí al tomarlos y buscar un lugar para quemarlos.

Caminé a una parte un poco retirada del mismo terreno. Para mi sorpresa, vi en el piso un símbolo de hechicería que vino a confirmarme que algo no estaría del todo bien, en mi nueva casa.

Conforme pasaron los días, vivir en aquella casa, me resultaba en ocasiones incómodo, debido a cosas extrañas que empezaron a suceder. Desde luces que se prendían y apagaban aparentemente sin razón, como ruidos y olores desagradables. Mi mente quiso descartar primero, todo tipo de posibles respuestas, pero conforme pasaba el tiempo, la actividad paranormal fue más constante y obvia.

Durante las noches, mi hija y yo nos despertábamos sobresaltadas, porque sentíamos presencias que aunque no podíamos ver, se sentía una negatividad y pesadez que hasta el más escéptico podría sentir. Temía ir a dormir porque, era sentir como la temperatura de la casa, se volvía muy fría, a tal punto que, y en muchas ocasiones, parecía que estábamos en el exterior. Nos costaba trabajo mantener la temperatura agradable, sobre todo cuando el invierno llegó.

Cada noche se agudizaba la sensación de peligro a causa de unas energías densas, así que opté por pedir ayuda. Una de las personas que vinieron a apoyarme fue mi maestra en ése entonces de Reiki. Una mañana nos encontrábamos solas, las ventanas estaban cerradas y no podía por lo mismo entrar alguna corriente de aire. Procedimos a tratar de encender velas e incienso y cada vez que lo intentaba, "algo" parecía soplar las velas y estas se apagaban. Pasó por mi mente la idea que podría ser la mala calidad de la vela, en fin, agoté todos los recursos y, pese a que cambié de velas, el resultado fue siempre el mismo.

Mi maestra me pidió que saliera de la casa, diciendo que me avisaría cuando entrar; a lo que contesté, "permíteme estar presente, y enfrentar lo que sea que nos ha acosado todo este tiempo". Me quedé entonces, y cuando ella inició con una "curación" de mi casa, se escucharon dos voces horribles que procedían de una de las recámaras del segundo piso. Nos quedamos por un momento paralizadas y las dos nos preguntamos, "¿qué fue eso?"; entonces, de nuevo se escucharon esas voces que emitían sonidos como de lamento y coraje, sonidos guturales que nos costaba trabajo identificar lo que decían. Créeme que tan solo de recordar y escribirlo, siento mi piel que se eriza.

Ambas continuamos con la "curación", aparentemente las voces se callaron y aunque se sentía la energía un poco más ligera, yo le dije que podía percibirlos, y que seguían allí.

Te preguntarás ¿qué sucedió después? Bueno, ¡tuve una de las peores experiencias paranormales de toda mi vida!

La siguiente noche, fue aterradora al despertarme sobresaltada, sintiendo una horrible presencia, que le acompañaba un olor putrefacto y una energía en verdad intimidante. Mi hija que en ese momento dormía a mi lado, no la quise despertar. Mi cuerpo empezó a temblar y fue entonces que dije en voz alta, "No sé quién eres, pero ¡no eres más fuerte que el poder de Dios! ¡Vete ahora, o de lo contrario, leeré la Biblia hasta el amanecer!".

Sentí, que ése ser oscuro se acercó aún más, y temí por mi vida y la de mi hija. Entonces, tomé la Biblia en mis manos, y le clamé a Dios que se manifestara y que nos protegiera; que enviara a sus ángeles y arcángeles a ayudarnos. Cerré mis ojos y le dije a Dios "¡Padre mío, muéstrame qué parte de la Biblia leer que aleje a este ser ahora!". Abrí la Biblia al azar y coloqué mi dedo índice también al azar; al abrir los ojos vi que decía, Salmo 91.

Cuando empecé a leerlo en voz alta, mi quijada temblaba, mi cuerpo se sentía frío y a decir verdad me sentía intimidada. Conforme seguí leyendo, mis lagrimas empezaron a brotar de mis ojos porque justamente habla del poder de Dios para protegernos de todo mal.

Leí y leí el mismo Salmo 91 hasta el amanecer. Volteé a ver a mi hija quien nunca se dio cuenta de lo sucedido, y mi cuerpo cansado por la experiencia, empezó a sentir una hermosa energía que entraba por la parte superior de mi cabeza, que iba bajando por todo mi cuerpo, transmitiendo paz, amor y una sensación indescriptiblemente restauradora y protectora. Entonces, me quedé dormida profundamente por unas horas y al abrir mis ojos, sentí que era momento de empezar a buscar un lugar nuevo para vivir, y olvidarme de la desagradable experiencia.

Desde ese entonces, siempre recomiendo a aquellas personas que sienten miedo, o que creen tener experiencias paranormales que, lean el Salmo 91 al despertar y al dormir. Los testimonios son muchos y positivos. El poder de los Salmos está más allá de una mente escéptica o creencias religiosas. No considero que tengas que ser de determinada religión para usarlos según tus necesidades.

La palabra tiene poder recuérdalo, y cuando ponemos a Dios o la Divinidad en todos los asuntos de nuestra vida, grandes cosas podemos ver. No esperes a necesitar de los Salmos o del poder de la oración para hacerlos parte de tu vida, inicia hoy antes de dormir, y si ya lo haces, simplemente continúa como hasta ahora y comparte con otros el por qué han sido de ayuda.

Falsos Guías y Profetas

"Porque no todos los que te hablen de Dios, le conocen… Busca en el recinto de tu corazón el Amor y la Paz, y tendrás las respuestas a todas tus inquietudes"

No es un secreto, el hecho de que, los falsos guías y profetas se han hecho presentes a lo largo de la historia de la humanidad. En ocasiones, una necesidad de ir en busca de un camino espiritual que brinde paz y ayude a olvidar es estrés de la vida diaria, el dolor, y sufrimientos por diversas experiencias; lleva al ser humano a caer en los engaños de muchos llamados guías, maestros y supuestos profetas.

Puedo decir con toda apertura que, yo misma he tenido la experiencia de sentirme decepcionada por personas así. Y es que en ocasiones se muestran tan amables, agradables y amorosas que, creer en su autenticidad no es difícil.

Lo viví inclusive hasta en una escuela de teosofía, al escuchar antes y después de cada clase, como a algunos de los instructores, sus palabras no reflejaban en nada lo que nos estaban enseñando. Por diferentes motivos, opté por salirme, y estudiar por mi cuenta. Reconozco mi responsabilidad al respecto, porque en primer lugar, no debería de haber tenido ningún tipo de expectativa sobre la calidad moral de los instructores.

Uno de mis retos en la vida, ha sido precisamente confiar mucho en los demás, mi lema siempre fue, "Todos tenemos bondad en nuestro interior y prefiero enfocarme en lo bueno que percibo". Cuando por la convivencia me encariñaba con algunas personas, la vida me mostraba señales de que tuviera precaución, y esa misma idea a la que me aferraba de ver lo mejor en los demás, provocaba que yo misma me cegara ante lo que estaba frente a mí. Siempre me costó trabajo tratar de entender el por qué algunas personas sentían envidia, rencor, odio, etc.

Tanto el tener expectativas de nobleza, confiar demasiado y no ver lo que estaba frente a mí como señales de precaución; fue por muchos años mi "talón de Aquiles." Muchas veces tras la aparente decepción, me hacía la promesa que ya no sería la "niña buena de la historia" y sería me comportaría igual que como esas personas, para así no sentirme vulnerable. Al final, siempre podía más el hecho de querer ver en cada una de las personas lo mejor; y hasta el día de hoy no ha cambiado eso.

El sufrimiento, tiene que ver con los juicios que creamos constantemente. En la actualidad voy con más cautela, sin dejar de ser yo misma. Fluyo más ligera, libre de cargas innecesarias. Comprendí que, no importa lo que te pase en la vida, uno debe de cultivar valores y principios que te ayuden a vivir en armonía y dejar de tener falsas expectativas de las personas, situaciones y experiencias de la vida misma. Cuando por momentos me invadía la frustración, me preguntaba:

¿Qué haría Jesucristo en esta situación?

¿Qué sugerencia o consejo me darían mis ángeles y Dios mismo en esta situación?

¿Cómo vería Dios a las otras personas y a mí con respecto a determinado conflicto?

༄

Como un susurro llegaban las respuestas y cada una de ellas me brindaba paz. En una ocasión, me llegó un pensamiento, "todos son mis hijos y los amo igual". Ante este pensamiento o inspiración me sentí apenada de haberme molestado, porque ante los ojos de la Divinidad así como el de aquellos que son padres y madres, todos sus hijos son amados por igual.

Los que llamamos falsos guías o profetas, muy posiblemente están cumpliendo una determinada función y propósito que si lo vemos desde el Ser infinito que somos, entonces todo es una oportunidad de aprendizaje y crecimiento.

Es para mí, una invitación a que, nos acerquemos más a buscar una comunión con la Divinidad y de esta manera tendremos un mayor discernimiento para así poder distinguir con mayor facilidad, lo falso de lo verdadero.

Uno de los errores más comunes es que, ponemos nuestra confianza y fe en el exterior o en los demás, en lugar de hacer nuestro trabajo personal para elevar nuestra vibración y recibir la guía, el amor y paz que trae consigo una comunicación auténtica con la fuente divina.

Al afinar tu instrumento de la intuición, con la práctica podrás distinguir inclusive a la distancia, aquello que no es verdadero; ya sea en forma de mensaje, como mensajero o las situaciones en particular de la vida. Esto último, refleja en gran parte, lo que percibimos y en lo que enfocamos nuestra atención. Si tu atención e intención está en el amor divino, todo cambia a tu alrededor, y puede ser que disminuyan las experiencias de reto y prueba; pero también que aún y en el mismo caos, sientas paz. La paz que te llega cuando reconoces que solo el amor es real.

Sanación Angelical

"Mas aquel que reconoce que la enfermedad estuvo primero en su mente, este se sana"

Fue en una tarde de verano, cuando me encontraba cerca de cumplir la edad de 18 años. Mi mamá se sentía muy mal y no sabía el por qué, sentía un dolor abdominal muy fuerte. En ese entonces, estaba muy involucrada leyendo todo tipo de libros de temas sobre espiritualidad, religiones y unos muy especiales para mí, que trataban de experiencias con ángeles y arcángeles.

Siempre creí que Dios y sus ángeles, podían ayudarnos en todas las áreas de nuestra vida, así que les pedí energía cósmica de sanación, para que a través de mis manos, mi madre la recibiera. Mi pensamiento fue "la enfermedad no existe, Dios hace su obra"

Me imaginé como si una luz verde radiante, entraba por la parte superior de mi cabeza y bajaba hasta mis manos, transmitiendo así sanidad. Al colocar mis manos por encima del abdomen de mi mamá, a una distancia aproximada de 20 centímetros; empezaron a generar calor. Mi mamá que no pudo dejar de sentir curiosidad para ver lo que sucedía, abrió sus ojos y me preguntó sorprendida, "¿qué me haces?" "¿Por qué, qué es lo que sientes?"—le pregunté a mi madre, "siento como si estuvieras usando una plancha caliente, pero ¡no me estás tocando!"– me contestó. "Tranquila mamá, no lo sé, pero Dios sí sabe, así que cierra tus ojos y confía", –le contesté con toda serenidad, que la sanidad estaba presente en su cuerpo.

Efectivamente, mis manos trasmitían un calor y energía que finalmente le ayudó a dejar de sentir dolor, y aunque mi mamá me veía con ojos de asombro le dije, "madre no fui yo quien te sanó, fue Dios y tú que lo permitiste".

Esa experiencia, me dio aún más confianza, de que basta con creer en la sanidad para manifestarla, y esto aplica también, en los niveles mental, emocional, físico y por supuesto espiritual.

Si nunca hubiéramos escuchado el término enfermedad, ¿acaso nos enfermaríamos?, ¿será acaso, que alimentar la creencia y certeza que somos sanos por naturaleza y que podemos crear milagros todos los días es nuestro poder por herencia divina?

En ocasiones, ante el deseo de ayudar a otras personas, se pide que Dios nos haga instrumentos de sanación. Aunque puede ser la intención inocente, es Dios quien obra en todo momento, cuando se reconoce que no somos nosotros, le quitamos al ego el poder de creer que somos nosotros. Mas aquel que reconoce que la enfermedad estuvo primero en su mente, este se sana.

Sanación del Arcángel Rafael

Una noche de invierno, de esas que sientes que, "el frío te llega hasta los huesos", mi hija Sophia, –que en ese entonces tenía cuatro años–, empezó a tener alta temperatura y sentirse muy mal. Era ya después de las doce de la madrugada y con el frío de aquella noche; no me sentía segura de salir con ella e ir en busca de atención médica o por lo menos de medicamento para la alta temperatura. Y aunque siempre he evitado el uso de medicamentos, en ocasiones tenía los medicamentos básicos para casos de emergencia, pero esa noche en particular, no.

Mi único recurso, fue ponerle toallas húmedas en su frente y abdomen, y mientras ella estaba recostada con sus ojitos cerrados, me dispuse a hacer oración, recordando la experiencia en mi adolescencia con mi madre cuando ella se sintió mal. Pedí con toda mi fe que Dios y el arcángel Rafael manifestaran su poder de sanación sobre mi hija Sophia Vanessa. Al cabo de unos minutos, sentí la mirada fija de mi hija. Me pude dar cuenta que su tierna mirada, no era precisamente para mí; su atención estaba puesta hacia atrás de mi espalda. Entonces le pregunté: "¿Qué ves hija?" "Veo a un ángel con luz verde y alas muy grandes atrás de ti", –contestó en tono inocente. En ese momento, me contuve de llorar de la emoción, porque sabía que no era producto de su imaginación.

Al cabo de unos minutos más, ella se incorporó de la cama, y me dijo que se sentía muy bien, porque el ángel de Dios había venido a sanarla.

Como esta experiencia, hay muchas que me encantaría compartir. Cada una de ellas, se mantienen tan frescas en mi memoria como si apenas hubieran pasado el día de ayer. Si no lo has hecho, te sugiero que, invites a tus ángeles a que te ayuden en cualquiera que sea el reto en tu vida. Recuerda que nunca has estado solo o sola. Aunque no los percibas, ellos siempre están allí cerca, esperando los invites a ser parte de tu vida.

Los ángeles son creados por Dios para cumplir su voluntad, por lo tanto, la única forma que descubras el apoyo y orientación que puedes recibir, es que tomes el primer paso para que así sea. Te aseguro que, no te arrepentirás, todo lo contrario, aunque en ocasiones no comprendas el por qué suceden ciertas cosas, tu corazón estará en paz.

Muchas historias de intervención angelical se han registrado a lo largo de la historia. Desde protección, inspiración, sanación, consuelo, anunciación, hasta las más extraordinarias como aquellas en donde los divinos ángeles y arcángeles han evitado la muerte repentina, a personas que al parecer no era su tiempo de partir aún.

Capítulo 6

Percepción y Realidad

"En mi mundo todo es posible, teniendo una visión clara de lo que mi alma requiere que la personalidad experimente"

Las Dimensiones

Cuando aceptamos que somos parte de un todo, y que más allá existe un mundo tan real, como éste al que tanto nos aferramos; se abre el velo que no te permitía atravesar hacia otras dimensiones.

Mi percepción de las dimensiones, es similar a ver a través de diferentes velos. Nada parece claro cuando tratas de aclarar tu visión y percibir lo que se encuentra del otro lado del velo. Una vez que mis juicios de lo que creo que es realidad, desaparece de la mente, entonces mi visión de lo que se encuentra después de cruzar el velo, es solo luz. Al seguir avanzando, se convierte todo como una especie de realidad gelatinosa y al seguir avanzando, una brisa fresca, me lleva hacia un espacio de nuevas realidades, en donde las leyes de la física pierden importancia, y desafiando todo entendimiento.

Desde un plano más sutil, puedo estar en un lugar y de manera instantánea aparezco en otro punto del mismo espacio. El mismo espacio deja de existir, cuando el poder de la intención, se vuelve mi nueva ley, permitiéndome ser parte de un todo, que está conformado por seres de energía, colores, sensaciones y energías que no obedecen las leyes que tanto llamamos reales y definitivas.

Nada es definitivo, solo la consciencia que se expande conforme permito que nuevas realidades me abracen y me hagan parte de ese todo.

Por medio de percibir otras dimensiones, aquello que creemos ha dejado de existir, es como reencontrarlo y poder percibirlo desde otra nueva consciencia.

"Soy responsable de la experiencia que comparto, mas no de la interpretación que tu le des"

¿Acaso nunca dejamos de existir?

¿Será acaso que aquello que creemos ha muerto, se integra a otra dimensión que no conocemos su existencia porque creemos que solo el plano en el que habitamos es el único y real?

¿Qué pasaría si permites que un nuevo nivel de consciencia te lleve a planos y dimensiones que tu mente jamás sospechó que eran posibles, pero que tu Ser, sí las conoce?

¿Y si te reencontraras con tus diferentes Yo en todos los tiempos, espacios y realidades, qué harías?

Cuando nos negamos nuevas posibilidades, ya sea porque no creemos que son posibles, o porque la mente no puede explicar o concebirlo; es negar la existencia del universo mismo, el cual el hombre ha tratado de medir y explicar, y que sin embargo, desde el plano físico jamás podrá comprender en su totalidad.

Los planos y dimensiones que no conforman el plano material, parecería cosas de locos o sueños sin explicación. ¿Qué sucedería si un día nuestro cuerpo físico se desintegrara? ¿Acaso crees que en verdad no hay algo más?

En el sueño en que vivimos y que tanto defendemos como real, se encuentran todo tipo de limitaciones, que son alimentadas constantemente por la mente racional. Sin embargo, el alma que tiene la capacidad de ser y estar más allá del tiempo y del espacio, solo necesita de la intención creativa para ver la realidad, que no tiene nada que ver con la supuesta realidad del mundo físico.

Pasado, Presente y Futuro

"Es interesante observar, cómo el futuro viene a tu encuentro, manifestando lo que originalmente tu mente había visualizado en el pasado"

La mente percibe el tiempo de forma diferente según sea lo que está experimentando. Tal es el caso, cuando disfrutas de la compañía de una persona o te encuentras inmerso en una actividad que te apasiona; se tiene la impresión de un "aceleramiento del tiempo".

Por otro lado, cuando nos mantenemos en el tiempo presente, sin dejarnos llevar por las preocupaciones de eventos del pasado y la incertidumbre del futuro; el tiempo parece dilatarse. Lo contrario ocurre cuando sentimos ansiedad; tenemos la idea que el tiempo no alcanza, se va rápido pero sin ser productivo.

Acostumbrados a vivir en la ilusión del tiempo y del espacio, en donde el tiempo se divide cronológicamente en pasado, presente y futuro; resulta difícil ignorar lo que no requiere nuestra atención, para mantenernos en el tiempo presente, —el único momento que es creativo y perfecto—, y vivir entonces con plenitud.

Pasado: El pasado lo podemos definir, como un conjunto de eventos y experiencias que han tenido lugar en un tiempo anterior al presente. Conocer el pasado, nos da una falsa idea de control, empero al existir un apego hacia personas y situaciones, nada puede crearse desde esa posición. Del pasado, solo puede ser útil la experiencia, sin embargo, ya no existe y no tiene más poder que aquel que se le otorgue. Rescatar lo positivo para no repetir aquello que no es una contribución, podría ser una buena postura.

Destruir el pasado, es restarle importancia a lo que en el tiempo anterior consideraste importante y significativo. Una relación que termina, no debe dejar huella, al punto de no poder crear un presente, por eventos que ya no existen.

Presente: Lo que llamamos "presente" es el vivir conscientes de lo que te rodea en el aquí y ahora; que no debería de ser influenciado por el tiempo pasado, ni tampoco por eventos que aún no son parte de nuestra experiencia, siendo más bien, pura especulación.

El estar presentes, es usar tus cinco sentidos físicos e intuitivos, para percibir lo que te rodea y de lo cual formas parte como un todo indivisible pero independiente a la vez.

Cuando nos sentimos alejados de todo y de todos, es porque le prestamos atención a la mente que todo lo juzga, y analiza quitándote tu paz.

Hay que entrenar la mente, para que sea nuestra aliada, en lugar de dejarla ser solamente un cúmulo de pensamientos y memorias desordenadas. De esta manera, podemos cambiar nuestra percepción considerablemente y, desde ése nuevo lugar, vivir el presente de forma creativa.

Futuro: ¿Cuántas veces te has preocupado a causa de un futuro, que en ocasiones no fue lo que esperabas o temías?

¿Cómo cambiaría tu vida, si la misma energía que utilizas para preocuparte por el futuro, la usaras para disfrutar el presente?

La incertidumbre a causa del futuro, puede reducirse por medio de la práctica del silencio, la meditación, o la oración. Vivir en el presente, haciendo aquello que nos produce felicidad, es vital para dejar que el futuro, llegue a nuestro encuentro de manera armoniosa y natural.

Si dejas el pasado en el olvido, y en el presente eliges tu paz; traerás en todo momento, la semilla pura, para sembrar aquello que anhela tu corazón. Nada que es real puede quitarte tu paz.

El futuro, es como ir de viaje. Incluyes en tu equipaje las herramientas esenciales, preparándote así para vivir la experiencia de la vida. Posiblemente, encontrarás en el transcurso, momentos de alegría y otros de dolor. Estos momentos abrigan una enseñanza, crecimiento, amor y madurez al final del camino. El camino a la transformación, será el cúmulo de tus experiencias, con la posibilidad de que tu percepción de aquello que considerabas significativo del pasado, ya no tenga poder en tu presente.

Una vez que tomamos conciencia de nuestro poder cocreador, tomará un poco de "tiempo" para que las nuevas creencias se proyecten en nuestra realidad; es decir, cuanto más fuerte la intención atraeremos con mayor rapidez aquello que deseamos crear. Nuestras intenciones "crean" nuestras experiencias.

Es interesante la experiencia y aprendizaje, que me brindan las sesiones con algunos de mis pacientes. Por ejemplo, cuando una persona ocupa saber si algo que desea sucederá en determinado tiempo en el futuro, la manera en que yo percibo la "tiempo", es similar a estar dentro de una esfera holográfica. Justo desde el centro de la esfera, puedo observar imágenes que se integran de tal manera que es difícil distinguir, cuáles de ellas forman parte del pasado, presente o futuro. Entonces, con mi intención, pido mayor claridad y así, aquellas que forman parte de sus posibles futuros se alinean como si fuesen varias carreteras —caminos con diferentes paisajes—, estos paisajes representan diferentes historias según las elecciones dentro de una gama de posibilidades. Observo los caminos unidos al inicio, de tal manera que me hace comprender que, todo parte de un instante, en donde está la posibilidad de elegir y según sean esas decisiones, se irá revelando el resto del camino.

Aunque puede parecer confuso, al momento de que lo experimento, todo tiene sentido para mí, y aún así evito hacerlo significativo. Solo observo y elijo aquello que me brinda paz.

Por supuesto que me ha sucedido, que durante una sesión varios de esos posibles futuros, se repiten, como dándome a ver, que son eventos predestinados encaminados a una mayor propósito que la persona descubrirá en su momento. Y es justo en ése instante, en el cual aquello que parecía confuso, se muestra con mayor claridad.

En la medida que te sintonices en el presente, con la fuente divina de conocimiento, y haciendo uso de los beneficios que brindan la oración, meditación e intuición; no tendrá el pasado y el futuro más poder sobre ti.

EJERCICIO

1. Escribe en tu libreta por lo menos tres cosas, personas o situaciones que han sido una carga en el pasado.

2. Escribe por lo menos 3 situaciones que te han provocado incertidumbre sobre el futuro.

3. Observa lo que escribiste del pasado, y posteriormente, lo que escribiste del futuro, para que contestes las siguientes preguntas:

¿Qué es aquello que estás dispuesto a dejar del pasado, para vivir un mejor presente?

¿Cómo deseas vivir?

¿Qué eliges el día de hoy, para vivir con mayor armonía?

¿Las situaciones sobre el futuro que te preocupan, tienen fundamento? ¿Son reales o es producto de tu imaginación?

Cuando lleguen momentos de tristeza o culpa del pasado, o preocupaciones por un futuro incierto, repite el ejercicio y enfócate en una cosa a la vez para que puedas mantenerte en el presente. Una vez que termines alguna actividad del momento presente, elige otra. Manteniendo tu atención e intención en el presente.

Transcripciones

"Yo solo transcribo lo que percibo con los sentidos de la intuición"

Mi niñez, en lo superficial parecía normal; en el interior, mi percepción de todo aquello que me rodeaba, era similar a vivir en medio de diferentes realidades que se intercomunicaban entre sí, y a la vez, cada una conservaba su propia línea divisoria, marcada principalmente por la falta de visión espiritual al vivir en este plano físico.

Cuando pude percatarme que veía, escuchaba, sabía y percibía lo que muchos no, —dado que solo juzgaban como real aquello que era tangible—, me asusté al principio. Sin embargo, mi mente de niña curiosa, tomó esas experiencias como imaginación, de esa forma, no pensaría que rayaba en la locura.

Conforme fui creciendo, se agudizó aún más mi capacidad de "ver a través del velo", sobre todo ante aquellas pruebas dolorosas de la vida, parecía que entraba con más frecuencia a planos en donde recibir información de forma intuitiva, se volvía más frecuente, eran más vívidas, e intensas.

Llegué a pensar, que el mismo dolor me hacía refugiarme en algo intangible, para así huir del dolor de lo tangible. Con el tiempo, esa inquietud de disipó por medio de libros que la vida puso en mi camino, que se convirtieron también en los maestros, que respondían a muchas de mis preguntas.

En todos estos años, en que he atendido a personas de diferentes edades y lugares; he podido corroborar por sus mismos testimonios, que no era mi imaginación. Todo lo contrario, parecía que en la medida que las personas afirmaban aquello que les compartía durante mis sesiones, todo parecía volverse más real, se hacía la experiencia más tangible.

Al igual que cuando una persona trabaja sus músculos durante una rutina de ejercicio, para obtener un cuerpo con mayor condición y rendimiento; de la misma forma, con la práctica he tenido la oportunidad de acceder a información que ha sido posible, ejercitando la intuición.

No me resulta sencillo, compartir mi experiencia, cuando inclusive algunas personas religiosas me han juzgado mal. Mucho tiempo guardé silencio, sobre lo que era mi realidad, para no incomodar a personas que en su ignorancia, sus palabras podían causar mucho daño.

Es interesante, escuchar a una persona hablar todo el tiempo de Dios, sin embargo, juzgan, señalan y castigan a quienes en su interpretación de lo que es aceptable, lo único que demuestran en que se convierten en aquello que tanto juzgan, por no comprender lo que les resulta "diferente".

He escrito mucho sobre mensajes que he recibido, los cuales algunos han tomado tiempo en materializarse. Estos mensajes, incluyen temas desde lo cotidiano, hasta temas de salud, artes y la ciencia misma. Llegado el momento, con gusto lo compartiré.

Mientras tanto, aquí les comparto algunos temas que he recibido, por medio de mis sentidos espirituales o intuitivos y que fui transcribiendo en la medida que lo recibía, es decir, no son modificados o editados. Al transcribir, lo importante es el mensaje y no el mensajero.

En los temas sobre sentidos de la intuición, y cómo diferenciar cuando un mensaje es genuino, en mi libro *Código Intuitivo*, comparto lo que me ha permitido descifrar y corroborar, la información que recibo. Hay que tener presente, que es la Divinidad, quien por medio del discernimiento, nos permite ver más allá de la ilusión.

Cada uno de nosotros podemos acceder a recibir información sobre temas variados. No hay nada de especial o diferente. Si me atrevo a compartir esto, no es para vanagloriarme o pretender colocarme en una posición de ventaja sobre los demás. Todo lo contrario, es una invitación para que por medio de la meditación y oración, accedas al templo sagrado en el que puedes sentir a Dios, y en donde aquello que has considerado real —hasta ahora—, pierde todo valor e importancia.

Mi deseo es que, abras tu corazón a la posibilidad de que nada es más importante que tu relación con lo Divino. Con frecuencia hago énfasis al respecto. Eres parte de un todo, y por lo mismo, puedes acceder a planos de un mayor conocimiento si así lo deseas.

Quita de tus ojos la venda, que no te permite ver más que lo que tus sentidos físicos creen como real. Es la "carne" la que no te deja ver lo que el espíritu sí puede.

Sobre la Inmortalidad

"No hay mentira que no sea disuelta por medio del infinito amor que yace aparentemente dormido y escondido en el ser humano. Nuestra verdad es que somos inmortales e infinitos seres de luz que el amor divino concedió que naciera para jamás morir. Somos encarnación de algo que supera nuestro entendimiento y que en la mente del que juzga difícilmente puede comprender.

Nada está oculto ante la mirada amorosa de la Divinidad que nos observa y se regocija de ver a sus hijos e hijas viviendo la experiencia terrenal para su propia evolución y transcendencia para entonces prepararse para su retorno a su verdadero hogar. El hogar que no tiene tiempo, espacio ni se rige por las leyes que el ser humano cree comprender.

Los números del universo son diferentes a los del ser humano dado que van mas allá del razonamiento de la mente limitada. Las dimensiones como ustedes les llaman son sutiles, sin embargo reales; tan reales como observas tu mano, los arboles, la naturaleza misma.

Cada plano o dimensión tiene sus propias leyes que en la creación ilimitada de la divinidad, juega su propio juego, que cuenta a la vez con sus propios jugadores. Nadie puede jugar el juego que no le corresponde, nada es azar, nada es coincidencia, todo es reflejo de una obra magistral que no tiene inicio ni final, es eterna por lo tanto, jamás debes tener miedo, el miedo es porque no recuerdas del hogar del cual vienes.

Las circunstancias de tu vida, son solo el juego del cual tú debes de recordar, que cuentas con las herramientas para jugar. No es la finalidad ganar con respecto a los demás jugadores, eso también es una ilusión.

Ya ganaste, desde que elegiste encarnar en este plano, el cual es temporal, y una vez que tu juego haya terminado, entonces podrás ver todo desde la perspectiva del Ser infinito, en donde no hay dolor por la separación del mundo, todo lo contrario hay gozo por el retorno a casa.

Los que consideras tus hermanos no lo son, dado que cada uno de ustedes su verdadera familia es cósmica, y eso resulta difícil de comprender ya que desde los inicios de la creación, todo se configuró de tal manera que tuvieras que perder los recuerdos para que tu experiencia en el plano físico sea tan real que puedas vivir la experiencia del juego, y entonces, cuando recuerdes que estuviste dormido, despertarás del letargo y verás que existe algo más; algo infinitamente grande y lleno de amor.

Cuando leas esto, sentirás una fuerza que se activa en ti, como un recuerdo que parecía olvidado, sin embargo a partir de este momento, activarás cada una de tus memorias y llegarán una a una, en el tiempo perfecto, no antes, no después. De hecho este momento mientras lees estas palabras, ya estaba escrito para que fuera en este preciso instante. ¿Puedes sentirlo? ¿Puedes sentir una resonancia entre lo que lees, con lo que recuerdas y sientes que vibra en tu cuerpo? Entonces, no te afanes a las cosas del mundo que son transitorias, solo juega tu mejor juego, solo ¡despierta!

Las lágrimas por lo que consideras experiencias dolorosas, van más allá de la experiencia en sí. Tus lágrimas son porque olvidaste que elegiste encarnar y extrañas el amor divino de tu casa origen. Todo está bien, todo ocurre tal como debe de ser, por lo mismo, no te afanes a las cosas del mundo, todo es y será perfecto, todo es el ahora solamente.

Si pudieras elegir cambiar algo, qué sería? ¿Acaso tu físico? ¿Acaso tu economía? Desde la perspectiva del ser infinito, nada es necesario cambiarlo, solo observar para enriquecer la experiencia y toda esa información, será requerida en su debido tiempo como un proceso de retroalimentación en donde todo consiste en alimentar por medio de la experiencia física a el alma que tiene la información más requiere la parte de la información que los sentidos físicos y no físicos recogerán al final del juego.

Entonces, sabiendo esto, ¿Hay algo que desearías cambiar?

La grandeza del ser es tal que, cuando cada persona que ha ido despertando y recordando, se llenan de miedo porque les parece desconocido desde el punto de vista de la interpretación de la lógica, de la mente y de los procesos bioquímicos y neurológicos, sin embargo, en la medida que aquellos que van despertando siguen con sus memorias activas y observantes, se convierten en los nuevos catalizadores del despertar del resto de los jugadores.

La hermandad es global pero a la vez diferente desde la perspectiva del ser humano, la hermandad es que no hay separación, no hay por lo mismo nada que envidiar ni desear lo que tienen los demás, todo es de todos, pero en tu ilusión de la separación no tomas parte de lo que te corresponde por derecho de consciencia.

El amor es lo único que importa, el amor que lo cubre todo, el amor que es infinitamente expansivo y jamás limitado. Es el ser humano que lo limita por miedo y por su falta de memoria. ¿Acaso una vez recuerdes, sentirás miedo? Al despertar, el miedo va disipándose poco a poco dado que cada nuevo evento que experimentes será corroborado, cada evento será la confirmación de que nada es un error, todo obedece a un plan divino perfecto que como te mencionamos anteriormente es incomprensible para la mayoría de los seres humanos, ya que ustedes tratan de comprender, lo que no le corresponde a la mente, le corresponde solo al corazón, es parte del amor…entiendes?

Tanto tus emociones como tus pensamientos son solo el reflejo de aquello que no comprendes, es solo reflejo de la ausencia del amor, sin embargo todo eso está por cambiar.

Nada está fuera de control por mucho que así lo parezca. La elección no es elección en sí. Hoy eliges qué comer, qué hacer y en qué enfocar tu atención, pero en lo que a los eventos predominantes de la experiencia terrenal, nada es tu elección, todo obedece a la sintonía universal de un conjunto de seres, eventos, y orden necesario para que se lleve a cabo el juego, del cual no hay perdedores, todos ganan.

Llegado el momento, tomarán consciencia sin que la mente intervenga en aquello que le corresponde solo al ser infinito asimilar. Por eso, cuando tu intención se posa en la paz y tranquilidad como tu camino, entonces fluyes con naturalidad, no hay resistencia, no hay necesidad de reproches, todo es perfecto. Cuando tus lágrimas se reflejen en tu rostro, solo recuerda: Esto es momentáneo, todo es perfecto aquí y ahora.

Nadie de ustedes está solo, ni siquiera en aquello momentos en donde parece que nadie te acompaña en tu dolor, o momentos de soledad. No porque por medio de tus ojos físicos, no nos veas, eso no significa que te encuentras solo. La soledad también es una ilusión, jamás estás solo. Puedes caminar con la certeza que te acompañamos, que estamos pendientes de ti, llenándote de amor, y paz. Abre tu corazón y deja de lado la mente que no te permite sentir, y que te confunde con pensamientos que son terrenales, y alejados del amor que eres en realidad.

Recuerda, eres eterno, eres inmortal y jamás estás solo. Despierta ahora, y vive, entonces… ¡volarás!"

Sobre el Amor de Dios

"En los espacios en donde crees que no existo, allí estoy yo…

Mientras sollozas ante lo que consideras doloroso allí estoy yo…

Mientras algunos de tus días están llenos de risas y alegría, me regocijo contigo…

¿Qué tantas pruebas tus ojos necesitan ver, para experimentar el amor de Dios?

Si hoy todo terminara en esta vida terrenal, ¿a quién elevarías tus plegarias? Acaso justo en el momento de trascender te acordarás de mí?

Si las pruebas de la vida te han hecho dudar de mi existencia, ¿acaso no existen más pruebas de mi creación hacia donde voltees la mirada?

Cada instante en donde no encontrabas la salida, te olvidaste de que estaba allí para ti…

Ahora te invito a que no me tengas fe, solo recuerda de dónde vienes y ni la fe será necesaria, puesto que será la certeza la que te mantenga de pie de ahora en adelante.

Nada es tuyo, ni siquiera yo mismo me considero dueño de nada, puesto que todo está en constante movimiento, cambio, transformación y evolución, por lo tanto, ¿de qué puedo ser dueño?

Si levantas tu mirada al sol, puedes sentir que algo que no entiendes del todo, te brinda luz y calor; de la misma manera el ser parte de mí, es ser ésa luz y calor que una vez que lo actives, darás luz a donde las sombras a causa de la ausencia de luz, pueden llegar un día a iluminarlo todo.

La ausencia de luz ni siquiera es ausencia de mí mismo, porque yo soy la luz y la ausencia de luz como parte de un equilibrio. La ausencia de luz, te permite darte cuenta que existe un camino que es iluminado, que te deja ver a través del velo, solo necesitas abrir tu corazón como lo hacen las flores; suavemente, lentamente, hasta que cada flor termina su proceso de apertura.

Aunque con el tiempo los pétalos de la flor caen y ella muere; esa flor dejó su aroma un momento antes, por lo tanto, su paso por esta vida no fue en vano. De la misma manera tu vida no es en vano; abre tus pétalos y deja que tu perfume impregne todo a tu alrededor, deja que el rocío de la mañana sea tu comunión conmigo. Florece que ese es tu propósito…

El amor del mundo es para este mundo, así que no te aflijas cuando sientas que algo te falta y no comprendes qué es. Cierra tus ojos y al respirar, recuerda que me respiras a mí, respiras amor…

Ilumina cada mañana con la energía que te brinda mi amor, y descansa en mí al anochecer que todo estará bien. Todo es aquí y ahora, todo es parte de un momento, y no tiene más poder que el que tú le des.

¿Quieres sentirme? Repite mentalmente:

Soy amor divino…Todo está bien

Mi Ser descansa en la Divinidad".

De la Paz

"Que nada ni nadie perturbe tu Ser...

Que la gratitud, sea tu escudo contra la aparente carencia...

Que tu aliento te recuerde que el espíritu de Dios vive en ti...

Que cada día, cada noche, puedas sentir tu totalidad, libre de falsas creencias, solo tu en el silencio de la mente...

Que cada instante, te coloques en el punto de origen de todo y de nada...

Que hoy y siempre el amor sea tu eterno presente, donde no hay espacio para el miedo, ya que el amor en sí mismo no da cabida para nada más...

Por lo tanto, eres y serás siempre imagen y semejanza, de algo más grande que aún necesitas reconocer en ti, de manera que no te falta nada".

La Paz Interior como Camino

"La Paz, es el camino que se elige andar, promoviendo la hermandad, el amor universal e incondicional para toda la humanidad"

En tiempos en donde el caos del exterior llega a dificultar el experimentar la armonía interior; se vuelve una necesidad, voltear hacia lo profundo del Ser, y convertir del silencio, en un hábito en nuestra vida.

El llegar a realizar las actividades cotidianas sin perder la calma, y aprender a eliminar el estrés, ansiedad, miedo y preocupación; a cambio de experimentar serenidad; es similar a aprender un nuevo hábito. Se requiere primeramente, observar e identificar los momentos en que nos alejamos de la quietud, y retomarla, para así comulgar con la Divinidad en el recinto de tu alma, en el templo que habita en tu interior.

El camino es un proceso de transformación, que en la medida en que se incorpora el hábito de la quietud y la calma, los momentos de paz se vuelven una constante en la vida, permitiendo así, que otros perciban esa energía, invitándolos a que la experimenten también.

El proceso incluye también la liberación de las creencias limitantes, adquiridas y aprendidas a lo largo de tu existencia. ¿Cuánta paz te proporcionará, el reconocer que lo que has creído como verdad es solo efecto de una ilusión?

El ser humano tiene dentro de sí todos los elementos necesarios para activar una frecuencia de amor que tenga un impacto masivo en la humanidad. Si la intención y las mentes de millones de personas fuera la del amor y la paz, nos sacaría de la ilusión de la separación, que ha sido causa de guerras y destrucción masiva.

Incluir un nuevo hábito de meditación, oración y desarrollo de la paz interior; poco a poco será un reflejo en el exterior. Contribuir con pensamientos amorosos aún hacia aquellas personas que propician la separación y el odio, es uno de los pasos, que como humanidad estamos obligados a brindar.

La mente se enfoca en lo que le desagrada o rechaza, sin embargo no se está conciente que al hacerlo, fomentamos aquello que juzgamos.

A lo largo de este libro, mi invitación ha sido, a recordar que "Solo el amor es real". Si hiciéramos un inventario de nuestra vida, en el que incluyéramos todas aquellas cosas, personas y experiencias, seleccionando solo las que nos brindaron alegría; no sería sorpresa, que aquellas en donde se experimentó el amor, son las más hermosas.

Experimentamos miedo, cuando no nos sentimos seguros de realizar nuestra función en la vida, a causa de la incertidumbre que genera el no saber si todas nuestras necesidades serán cubiertas. ¡Cuánto tiempo y energía, hemos desperdiciado ante lo que queremos tener control!

Es de humanos sentir deseos o querer adquirir cosas; pero nos identificamos tanto con aquello que consideramos nos dará felicidad, que nos desconectamos de la única fuente que es toda prosperidad y abundancia infinita.

Confiar en la abundancia Divina, puede resultar un reto, sin embargo, Él suplirá todas nuestras necesidades, a manera de cumplir con nuestra función en este mundo. ¿Cuánta paz podríamos experimentar si confiáramos plenamente en la gracia, abundancia y amor de Dios?

La paz que genera la gracia de la Divinidad, es equivalente al amor sublime que nuestros hijos inspiran. Basta una tierna sonrisa, y nuestro mundo se transforma instantáneamente.

Puedes escoger la paz y la certeza, o puedes escoger el miedo y la incertidumbre. Depende de ti, y cualquiera que elijas, reflejará en el exterior, la experiencia como consecuencia de ello.

La paz es tu derecho y puedes tener acceso inmediato, una vez que recuerdas que la paz no está en las cosas del mundo de la ilusión.

La idea de perdonar es una ilusión, porque caemos en el juego de la ofensa, cuando mas bien, al experimentar la paz, no se siente la necesidad de personar, no hay ofensa, solo el reconocimiento de aquel a quien juzgas, es hijo e hija de Dios.

¿Cuánto bien puede recibir, aquel que es juzgado y a cambio, se le envía amor?

¿Cuánta paz puedes experimentar cuando liberas a otros de tu juicio, y te liberas de los tuyos?

La liberación del ego, es solo reconocer que no tiene poder en ti, y que lo real y verdadero es el amor. Todo aquello que creemos es un problema, se disuelve ante el reconocimiento que es solo una percepción; y al preguntarnos: "Realmente, esto que juzgo ¿es verdadero?". Entonces, sucede que se aclara ante tus ojos la situación, brindando una nueva forma de percibirlo.

Al preguntar, ¿Esto que deseo tener o hacer me dará paz? En el momento de hacer la pregunta, tu intuición te dará la respuesta, ya que es por medio de tu intuición que la Divinidad te habla también.

Produce un sentimiento de paz, el saber que la voluntad de Dios es que regresemos a Él. La separación está solamente el la mente racional, mas en la mente de la Divinidad estamos por siempre unidos. La ilusión de la separación, se aclara al experimentar la paz, cualquier problema se resuelve con la paz interior.

Es una trampa, el querer controlar lo que se encuentra en el exterior a voluntad propia, cuando la única voluntad real es la de Dios. Rendirse a la voluntad de lo Divino, no es darse por vencido, es reconocer que existe una alianza entre el hijo y el padre que es inquebrantable, amorosa y siempre fiel. Al rendirse a la experiencia, se experimenta la paz.

La siguiente oración, ha sido utilizada por muchos grupos y pacificadores, para invitar a las personas, a vivir con gozo en pleno uso del poder que Dios nos ha conferido, para ser instrumentos de su paz. Te invito a que la incluyas en tus oraciones y la tengas presente, sobre todo en aquellos momentos que sientas tu paz amenazada. Solo recuerda que aún y la ilusión de amenaza no tiene poder, solo la paz que estés dispuesto a recibir, aún y en el bullicio del exterior.

Oración de San Francisco de Asís

Una traducción de la oración al idioma español es la siguiente:

Señor, haz de mí un instrumento de tu paz:

donde haya odio, ponga yo amor,

donde haya ofensa, ponga yo perdón,

donde haya discordia, ponga yo unión,

donde haya error, ponga yo verdad,

donde haya duda, ponga yo la fe,

donde haya desesperación, ponga yo esperanza,

donde haya tinieblas, ponga yo luz,

donde haya tristeza, ponga yo alegría.

Oh Maestro, que no busque yo tanto

ser consolado como consolar,

ser comprendido como comprender,

ser amado como amar.

Porque dando se recibe,

olvidando se encuentra,

perdonando se es perdonado,

y muriendo se resucita a la vida eterna.

Si tu Último Día Estuviera Cerca, ¿Cómo Vivirías?

Si no tienes muy claro, permíteme sugerirte algo; evita esperarte a que se acerque el día, y mejor:

1. Ama y demuestra el amor, plenamente.
2. Saborea cada instante con quienes te rodean.
3. Deja la costumbre de etiquetar negativamente a los demás o a ti mismo(a).
4. Elogia a las personas por sus cualidades y aciertos, dejando atrás aquello que juzgas como error.
5. Evita que el ego y la soberbia destruyan lo que aún amas.
6. Dile más seguido a las personas, lo mucho que valoras y aprecias su compañía.
7. Fortalece lazos de amor con tu pareja, familia y amigos.
8. Que la paz sea el camino de ahora en adelante.
9. Agradece a Dios y a la vida, por todas sus enseñanzas.
10. Ayuda a tu prójimo, mejor aún si lo haces en silencio y discretamente.
11. Sé incondicional y leal en todo momento, no solo cuando estés de buenas.
12. Corre, camina, juega y ríe con la libertad que lo hace un niño.

13. Alégrate de las alegrías de otros y consuela a aquel que llore.

14. Comparte tu don, talento y habilidades con el mundo.

Hay muchas cosas más, que puedes hacer de ahora en adelante. Te darás cuenta que puedes seguir perdiendo tu valioso tiempo, lamentándote, juzgando, y creando tu desdicha, o puedes elegir, crear la más hermosas de las experiencias aquí y ahora.

EJERCICIO

Escribe en tu cuaderno las respuestas a las siguientes preguntas, puedes inclusive, comentarlas con alguien de tu confianza.

¿Cómo quieres ser recordado (a)?

¿Qué legado piensas dejar a tus seres queridos y a quienes te rodean?

¿Cómo mejoraría tu vida, a partir del momento que pongas en marcha, lo que hará que los demás te recuerden como deseas?

Bueno, entonces creo que tienes una tarea pendiente, no te olvides ponerla en marcha, porque el tiempo ya empezó a correr, y te puedo asegurar que cada esfuerzo que hagas, aún en aquellos momentos en donde sientas que ya no puedes más, ¡siempre habrá valido la pena!

Capítulo 7

Viviendo con Propósito
Co-creando con la Divinidad

"Somos instrumentos, no para vanagloriarse, mas para hacer la voluntad Divina"

Todos Somos Instrumentos de la Divinidad

Las responsabilidades que implican cumplir con las necesidades básicas de alimento, techo, ropa, educación y demás compromisos que adquirimos para la supervivencia, pueden ser una distracción para ser instrumentos de la Divinidad.

¿Cuántas veces has sentido que tu vida no tiene un propósito? Podemos pasar de emociones de alegría a emociones de tristeza con facilidad, sobre todo cuando en nuestras distracciones dejamos de lado, el recibir la adecuada dirección que nos lleve a vivir con mayor propósito en la vida.

Recuerdo un día, pese a mi éxito en lo profesional cuando tenía mi agencia de mercadotecnia y relaciones públicas; llegué a sentir que me faltaba algo. Era como vivir en automático sin un propósito mayor que cumplir con mis responsabilidades, hacer crecer la empresa y disfrutar del fruto de mis esfuerzos.

Mi comunión con Dios procuraba mantenerla constante, sin embargo, algo me faltaba…

Un día pregunté a Dios: "Dios, ¿qué me pasa el día de hoy?, ¿hay algo que pueda hacer este día, que me ayude a sentir que tengo un propósito mayor?

Después de la pregunta, me volví a enfocar en actividades que tenía previstas, y fue entonces, que observé lo que antes no había observado. Cada día tenemos la oportunidad de ser instrumentos de la Divinidad, cuando contribuimos en la vida de las personas y nuestro entorno. Sucede que en nuestra distracción dejamos de ver en dónde podemos ser útiles para provocar un cambio.

El éxito en lo profesional te brinda satisfacción, pero vivir con propósito es diferente. Podemos vivir con propósito no solo cuando usamos nuestros talentos y habilidades, sino también cuando al estar más en el momento presente, podemos detectar en dónde la vida nos brinda la oportunidad de servir.

Una noche iba manejando con mi hija y su amigo, y les comenté que quería manejar rumbo a un determinado lugar, entonces me estacioné y nos dispusimos a admirar la belleza de la luna. Por alguna razón sentía que tenía que esperar un poco más, y entonces, observé que se dirigía hacia mí una persona mayor de setenta años.

Su caminar era lento, y su cuerpo se veía a lo lejos como el de una persona que se sentía muy cansada.

Me quedé parada observando y se acercó a mi con timidez y me pregunto: "¿Disculpe, habla español?" a lo que contesté: "Claro, dígame en qué le puedo ayudar?"

En eso el rostro del señor se suavizó como cuando un niño perdido encuentra a sus papás… —casi lloraba—, mas se contuvo.

Me dijo: "¡Gracias a Dios! Tengo horas perdido, buscando la dirección de la casa de mi hija y no encuentro su casa, no tengo teléfono solo este papel con la dirección y el número telefónico, pero ya no sé a dónde ir, estoy perdido, cansado y no veo ningún lugar en medio de la noche dónde recibir ayuda!" —se desahogó como un niño.

Le dije, "no se preocupe, suba a mi carro, usaremos mi teléfono para llamar y lo llevaré a dónde ellos me digan…"

Hice la llamada, me dieron instrucciones y me dispuse a manejar hacia un lugar para que lo recogieran a él. A decir verdad, se encontraba muy lejos tanto de algún centro comercial como de la casa de su hija.

Mientras manejaba, le ofrecí una botella de agua que traía en mi coche, y me dijo: "Sabe una cosa? Mientras estaba perdido y cansado, le pedí a Dios que me enviara a una persona que me ayudara y que hablara español." Se sobaba sus piernas cansadas mientras me contaba, y continuó diciendo: "Cuando sentí que no podía más, la vi llegar, y supe que ¡usted me ayudaría!"

Me costó trabajo contener las lágrimas por la emoción de escucharlo, y darme cuenta que Dios contesta siempre a nuestras preguntas, y cuando lo permitimos, nos volvemos instrumentos de Él. Solo nos corresponde hacer la pregunta adecuada ¿cómo puedo ser tu instrumento el día de hoy?, ¿cómo puedo ser una contribución, según tu voluntad?, Y seguir cualquier intuición que recibamos, —aunque en el momento no lo entendamos—, seguramente como a mí me sucedió.

Como este ejemplo, podría citar muchos en donde me he puesto a mí misma a un lado, para poder servir. Para ser una contribución en la vida de los demás, solo basta tu intención y la Divinidad te muestra el cómo. Es decir, tu pregunta debe ser, ¿qué quieres que haga el día de hoy? y Dios te dirá el: ¿Cómo?, ¿cuándo? ¿dónde? y ¿a quién?

No sabemos con certeza y exactamente lo que nos corresponde hacer, hasta que llega el momento, y —eso me fascina—, porque es abrirse a descubrir lo que cada día trae para ti, como una nueva posibilidad de contribuir.

Somos instrumentos, no para vanagloriarse, mas para hacer la voluntad de Él. No se requiere una preparación especial, basta una disposición noble, de nuestra parte. De hecho, seguramente has sido instrumento muchas veces sin darte cuenta. De ahora en adelante, puedes integrar estas preguntas al despertar y en aquellos momentos en donde sientas que te falta algo. Posiblemente, ese "algo" es tu contribución al mundo que está en espera de tu regalo, aquel que solo tú puedes brindar.

El regalo de tu tiempo, palabras y acciones, se convierte en un regalo a ti mismo; ya que el gozo que viene acompañado por la experiencia, no tiene precio.

Si llega un momento, en el que te sientas carente de paz, armonía o propósito; pide a Dios te muestre el siguiente paso, y confía que en su infinita sabiduría, te guiará a donde podrás hacer la diferencia. Recuerda, que aquello que brindas a los demás, es un regalo para ti, y es una forma de honrarle a Él.

¿Sabes Cuál es Tu Misión y Propósito en la Vida?

"Vienes a este mundo a florecer, no permitas que nada marchite tu belleza"

¿Cuántas veces has soñado despierto disfrutando de una mejor vida? Una vida que refleje en realidad lo que tú eres, una vida en la que pudieras disfrutar de aquello que realmente te apasiona hacer. ¿Cómo sería? ¿Lo has pensado?

¿Cuántas veces has soñado despierto, imaginando que después de una jornada larga de trabajo, empacas una maleta y simplemente te vas en busca de tu sueño? Créeme no eres el único.

Actualmente, la gente vive con un sentido de urgencia, y lo más triste, con un sentido de que algo se está perdiendo; una especie de vacío interior que te obliga a cuestionarte:

¿A dónde voy?

¿Qué es lo que quiero realmente?

¿Por qué a pesar de que tengo un trabajo, familia, amigos, sigo sintiendo que algo me falta?

Vivimos inmersos en nuestras actividades diarias, trabajo, hijos y pareja; y quizás en complacer y cumplir con los demás, que nos hemos olvidado de nosotros mismos.

Nos hemos olvidado que tenemos un sueño escondido en nuestro corazón por creer que no es posible. ¿Quién no se ha olvidado de sí mismo, al punto de sentir culpa, cuando por fin se hace lo que se desea?

Dime, ¿cuándo fue la última vez que te sentaste a disfrutar una puesta de sol, mientras te preguntabas:

¿Qué es lo que realmente me apasiona?

¿Qué puedo hacer, para sentirme feliz?

Se alimenta la creencia que es demasiado tarde, sin embargo no es así. El temor que inunda el corazón, de darse permiso de ser feliz, compartiendo con los demás, los dones y talentos que la vida nos brindó; es una de las causas de sentirse desmotivados, infelices y hasta caer en depresión.

Me encanta platicar con las personas, cuando me comparten su historia. Aprendo mucho de cada uno y me confirma que, no importa que tan sencillo o grande sea el creer en la existencia de un problema; siempre se puede salir adelante. Seguir adelante, sin sentirse víctimas de las circunstancias; seguir confiados de que se puede cumplir con las responsabilidades de la vida, y a la vez, aportar a los demás, realizando la tarea que solo tú puedes hacer. Aquella que es tu función, misión y propósito.

Tu propósito tiene una relación directa con recordar cómo puedes ser feliz. La vida nos ofrece una gama de experiencias en las que podamos tener diferentes emociones y sentimientos. Desde frustración, desesperación, vacío, nostalgia, hasta alegría, esperanza, armonía y equilibrio.

La gama de experiencias, al final te dan a elegir, si prefieres vivir desde el amor y la unidad, o desde el miedo y la separación.

Todos venimos a desaprender para recordar nuestra verdadera esencia. Una de las formas para llevarlo a cabo, es precisamente a través de experiencias fuertes que nos podemos conocer más a nosotros mismos.

Aquellas personas que han podido superar pruebas difíciles en esta vida, son aquellas que han llenado de inspiración a todos nosotros con sus enseñanzas, cuando recuerdan el por qué y para qué de su existir. Hay quienes han dado su vida, para ilustrarnos con sus enseñanzas.

¿La vida de cuáles personas, pueden ser de inspiración para ti?

¿A quiénes tomarías como un ejemplo, para experimentar sus principios, valores y enseñanzas?

Considero importante que, recuerdes que cada día, es una oportunidad para rediseñar tu vida. Cada día, puedes con el poder de tu mente, intención y emociones, considerar crear nuevas posibilidades, de acuerdo a un plan divino perfecto, que posiblemente esté en espera de que le elijas.

EJERCICIO

A continuación, comparto un sencillo ejercicio que tiene como intención, que retomes la confianza y valor para realizar tus sueños. Apoyarse de diferentes medios con la finalidad de mantenerse enfocados en lo que se desea, es ideal para dirigir tus esfuerzos y alinearte con el universo para que suceda.

1. Escribe 5 cosas que tú hayas logrado y por las cuales sientas alegría.

2. Pégalo en tu espejo o en tu área trabajo, lo importante es que esté visible todos los días. Te ayudará a recordar que puedes alcanzarlo.

3. Escribe por lo menos 3 cosas que te haría feliz hacer, e inclúyela en tu agenda, con la apertura de que la vida, te lleve a donde se requiera.

4. Imagina, ¿cómo sería tu vida, una vez que incluyas aquellas actividades que consideres son tu misión y propósito?

5. ¿Cuáles serían los siguientes pasos para que suceda?

Regálate la promesa de enfocar tu intención en vivir esta nueva experiencia. Puedes seguir lamentándote y soñando que deseas algo diferente y mejor, o puedes empezar a dar los pasos necesarios, poniendo esta nueva situación en las manos del creador, para que así suceda. Puedes inclusive hacer este ejercicio, y olvidarlo el día de mañana; de ser así, recuerda que siempre podrás retomarlo, sin embargo, ¿por qué dejar para mañana lo que puedes hacer hoy? Hoy puedes hacer la diferencia en este mundo que necesita de personas comprometidas para vivir un cambio interior que se refleje en el exterior.

¿Qué te Impide Alcanzar tus Sueños?

"Alcanzar tus sueños, está estrechamente ligado, con tus creencias de alcanzarlos"

Desde hace algunos años, se ha hablado del poder de la Ley de Atracción. Existen muchos libros, audios, películas y videos que hablan sobre el tema, enfatizando que ésta ley funciona las veinticuatro horas del día, los trescientos sesenta y cinco días del año.

Para este tema en particular, me referiré al término "sueño", como aquellos deseos que se encuentran arraigados en nuestro corazón, que nos ilusiona la idea de que se vean materializados. No me refiero al "sueño" del cual debemos de despertar para elevar nuestra consciencia, ni del sueño nocturno.

Deseo preguntarte algo, ¿has sentido que quieres llevar tu vida en lo profesional, o personal a un siguiente nivel y curiosamente tus palabras y acciones te llevan hacia el lado opuesto de lo que deseas alcanzar?

Quizás deseas escribir un libro, regresar a la universidad, abrir o expender tu empresa, casarte, bajar de peso, o simplemente hacer algo que postergaste por mucho tiempo. Sueñas despierto con la idea de lograrlo algún día, y queda tan solo en eso, "algún día lo haré".

¿Qué es aquello que te detiene?

Posiblemente, se encuentra arraigada una creencia que te paraliza, en lugar de dejar que vayas en la búsqueda hasta alcanzarlo. Presta atención, porque como he mencionado antes, tus creencias crean tu realidad. Recuerda, de acuerdo a estudios científicos, nuestra vida la creamos en base al 97% de nuestras creencias que se encuentran arraigadas en nuestro subconsciente, y solo el 3% corresponde a la mente consciente.

Para ejemplificar esto, imagina que tu mente subconsciente es como una computadora; para que funcione adecuadamente como deseas, debes de asegurarte que los programas que estén instalados en el sistema sean los correctos. Si le entra algún virus, o no está actualizada, lo que sucederá es que, tendrás que limpiarla y agregar nuevos programas.

No importa cuántas veces digas que deseas alcanzar el éxito, felicidad, prosperidad, salud y amor, si en el fondo, tienes cualquiera de estas creencias:

- Miedo a perder lo que hayas logrado; ya sea dinero, nuevo empleo, empresa etc.
- Miedo a perder tiempo o tu libertad.
- Miedo al rechazo.
- Miedo a perder el amor.
- Sentimiento de desmerecimiento.
- Relacionas el éxito con alguna experiencia triste o desagradable de tu pasado.
- Creencias de que las personas espirituales no deben de tener dinero.

Ante cualquier tipo de miedo, tendemos a paralizarnos, en lugar de llevar a cabo las acciones que nos lleven en dirección a lograr nuestros sueños, hacemos lo opuesto. Llega un nuevo día, en donde todo sigue igual, sigues soñando, y así pasará mucho tiempo hasta que decidas hacer algo diferente, y afortunadamente, está en tus manos que eso cambie.

Si a lo anterior le agregamos falsas creencias de desmerecimiento, culpas, baja autoestima o —cualquier otra mentira del ego—, cada día de forma inconsciente atraeremos hacia nosotros personas y eventos que nos confirmen que, efectivamente no podemos alcanzar nuestros sueños. Reconocer que se tienen sentimientos y pensamientos limitantes, es un importante paso para continuar en el camino hacia una transformación.

¿Qué puedes hacer?

En primer lugar, al tomar conciencia de que algo te ha detenido, estás por buen camino. Compartiré algunas herramientas, que desde el primer día serán de gran beneficio una vez sean aplicadas. Son sencillas, prácticas, y muy efectivas para reprogramar tu mente subconsciente; para que así, los deseos que tienes actualmente en tu mente consciente, se alineen con un nuevo sistema de creencias.

EJERCICIO

Apóyate de tu cuaderno para hacer una relación de creencias que tienes con respecto a lograr tus sueños. Hazlo con toda honestidad, sin juzgarte o molestarte contigo. Se trata de que puedas observar lo que hasta el día de hoy, pudiera estarte frenando de vivir con mayor plenitud.

Escribe a detalle, qué es lo que realmente te produce miedo. Por ejemplo, si tienes miedo de crecer en tu empresa, porque crees que ya no tendrás tiempo para hacer otras cosas que disfrutas; quizás sea una razón de tu falta de éxito. Ve más a fondo en tu creencia, y escríbelo.

1.- Contesta la siguientes preguntas:

¿Qué es aquello que realmente me detiene?

¿Qué falsas expectativas tengo?

¿Estoy tratando de complacer a otras personas, en lugar de a mí mismo?

¿Cómo cambiaría mi vida, una vez que realice mis sueños?

¿Es mi sueño, lo suficientemente específico?

¿Estoy dispuesto a comprometerme en hacer algo diferente hasta alcanzar mis sueños?

2.- Una vez esto, escribe una lista de aquellas cosas que realmente te hacen feliz y que no estás dispuesto a sacrificar; ya que a partir de hoy, lo harás desde una nueva perspectiva. Desde la perspectiva que, una vez identificado aquello que te ha limitado, entonces, pierde poder sobre ti y por lo tanto tu mente estará lista para que una nueva creencia sea parte del programa del subconsciente.

3.- Busca personas que te inspiren a seguir tus sueños.

4.- La información es poder, entonces, lee, estudia y aprende todo aquello que te brinde más seguridad y te prepare para el éxito.

5.- Amplia tu circulo de amistades que incluya personas positivas que estén en el camino a alcanzar sus sueños, así como aquellos que lo han logrado; esto último te inspirará y eliminará muchas de tus falsas creencias.

6.- Usa afirmaciones que te recuerden que mereces lograr tus sueños y que no hay nada que temer, puesto que tú estás en control a partir de este momento. Sé generoso contigo durante este nuevo proceso y ten paciencia; créeme vale la pena.

Tus Alas

Las personas con espíritu libre, no pueden vivir atrapadas a merced de las circunstancias... Los que nacieron con alas, solo les queda, ¡volar!

El infinito es su límite, la grandeza su virtud...

Mas sin embargo, en la incertidumbre, no ven que en su espalda, traen consigo, la naturaleza que les distingue... ¡Sus hermosas alas!

No dudes entonces, de emprender tu vuelo, que en él, serás parte de todo, y a la vez de la nada...

Las montañas y ríos, te darán la firmeza que necesitas, las nubes y el viento, las ideas de tu destino; mas en la experiencia del vuelo, prevalecerá por siempre tu corazón... Y donde está tu corazón, ¡estará tu hogar!

Perfección y Expectativas

¿Te ha sucedido, que quieres que todo salga tan perfecto, armonioso y divertido que a cambio lo que consigues es todo lo opuesto? Me ha sucedido y muchas veces!

Adquirí conciencia de que "no pasa nada" si me equivoco, si no sale todo perfecto, armonioso o tan divertido.

Entonces y solo entonces pensé: Bueno, ¿qué tomaría para relajarme y permitir que todo fluya armoniosamente?

¿Qué sucedería, si tomo responsabilidad de lo que me corresponde y empiezo a crear sin la expectativa del resultado?

Dejé mi lupa "detectora de errores" a un lado y simplemente reconocí que habrá ocasiones, en que inclusive por más que uno se esfuerce por dar lo mejor de ti, eso no es garantía de nada. La única garantía, es que, ¡no hay garantías!

Vivir con la expectativa de cómo será manifestado algo que deseamos, así como pretender que los demás hagan lo que esperamos; es provocar un sentimiento de decepción, una vez que aquello que era la razón de tu entusiasmo, no se refleje en el exterior como se esperaba.

Tanto la perfección como la expectativa, son causas que provocan ansiedad, y se vuelven el motivo de querer controlar aquello que no puede ser controlado. Se puede tratar de controlar eventos, situaciones o inclusive personas, pero la realidad es que lo único que se consigue, es la pérdida de la paz.

De lo que sí se tiene control, es de la manera en la que se elige reaccionar. La inteligencia emocional, es una forma de aplicar adecuadamente, el buen uso de los pensamientos que tendrán un impacto en las emociones, que son a su vez, la causa de lo que hacemos y creamos.

Buscar la perfección en todo lo que se desee realizar o experimentar, puede ser una trampa que resulte difícil de salir, si se continúa en la fija obsesión de un determinado resultado.

El día que aprendí a dejar de controlar el cómo deberían de ser las cosas, empecé realmente a disfrutar más la vida. Tuve que hacer un examen de conciencia, para poder identificar la razón por la que buscaba el perfeccionamiento y el por qué esperaba determinado resultado.

Es ahora, tu turno, buscar los motivos que te arrebatan tu paz, cada vez que buscas en el exterior la perfección. Escribe en tu cuaderno, el por qué crees que tienes determinadas expectativas; puedes apoyarte de un momento de silencio para recibir la respuesta que yace en el fondo de tu corazón, y que no debe ser más ignorada.

Sincronicidad

"Sincronicidad, la simultaneidad de dos sucesos vinculados por el sentido pero de manera causal" –Carl Jung

Uno de los aspectos más misteriosos y enigmáticos del universo, es la Sincronicidad. Se le suele llamar "coincidencia", mas obedece a una forma en la que el universo conecta a dos eventos, personas e información por medio de dos hilos invisibles.

¿Qué probabilidades había de que determinado evento sucediera? Esta pregunta, la he hecho muchas veces, ante eventos aparentemente imposibles de manifestarse, pero que para un universo lleno de múltiples posibilidades, es factible.

Seguro que alguna vez te ha sucedido que encuentras la información que necesitabas, te llama o te encuentras con una persona a quien tenías en mente, o encuentras justamente lo que buscabas al momento de ir de compras. ¿Cuál ha sido tu más reciente experiencia al respecto?

Por resonancia atraemos personas y situaciones que reflejan nuestro interior. Por lo tanto, al elevar nuestra vibración, porque hemos creado un mayor nivel de conciencia y consciencia, nos sintonizamos con lo que el Espíritu Santo o Guía interior desea que sea nuestra experiencia, de acuerdo a un plan divino perfecto. la voluntad perfecta que jamás se equivoca y la cual tiene un tiempo perfecto que tiene un tiempo para cumplirse.

Para vivir con mayor sincronía, se requiere sintonizarnos también con el amor hacia la Divinidad, que es la fuerza principal creativa en todo el universo. Nos volvemos los "magos" de nuestra realidad.

¿Qué tomaría para que cada día, sea un reflejo de muchas sincronicidades?

El amanecer de cada día, es la oportunidad que la vida te da para conectarte con la sincronía universal que está lista para que fluyas en ella con toda libertad. Así, cada suceso será como un resplandor que ilumina tu corazón justamente para que ilumines el corazón de todos los que se cruzan en tu camino.

¿Te has percatado que cuando haces la pregunta, el universo te contesta?

Para obtener la respuesta del universo, hay que hacer la pregunta correcta; entonces toda la información que necesitas llegará a ti. Puedes pedir o preguntar por algo, sin embargo el hacer la pregunta correcta, se refiere a que tu pregunta sea una invitación para que el universo opere a tu favor, permitiendo que seas de mayor contribución tanto en tu vida, como en la de los demás, y no para un fin egoísta.

Si tu pregunta se enfoca en algo que es mentira, negativo o viene simplemente desde el ego, justamente eso mismo atraerás; pero la idea es que, te sintonices con tu Ser y con el universo, para que ambos estén en un nivel de sincronía tal, que tu vida se convierta en una verdadera obra de arte.

¿Por qué vivir una pesadilla, cuando tienes el potencial de que sea diferente y mejor? ¿Qué historia deseas escribir de ahora en adelante?

Reescribiendo Tu Destino

"Eres el escritor de tu propia historia, y a la vez el personaje principal"

Hay momentos en la vida en donde debemos dejar atrás todo lo que crees que sabes y has experimentado, e ir hacia donde nunca has ido para encontrar la verdad.

Este es el viaje que te corresponde recorrer para vivir las experiencias que tu alma desea. En el camino encontrarás diferentes retos que parecerán obstáculos, sin embargo son la oportunidad que tenemos para ir más allá de nuestras ideas preconcebidas y limitantes.

El laberinto del alma, se abre ante nosotros, para revelar su secreto, para que así, puedas descubrir el misterio de la vida y su única verdad.

El tesoro perdido, que se encuentra a la espera de ser encontrado, tan solo pide que estés dispuesto a ir más allá de lo previsible y pagar el precio de encontrarlo.

El precio, puede ser tu compromiso contigo mismo, de tomar absoluta responsabilidad de tu vida y quitarte el velo de los ojos que, en la falta de recordar nuestra esencia, nos hemos encontrado inmersos en la ilusión del sufrimiento.

Al hacer un trabajo personal a profundidad y con toda humildad, estamos reescribiendo nuestro destino.

Los apegos, experiencias dolorosas del pasado, miedos y expectativas; formarán parte del pasado. Eliminando la programación que adquirimos desde antes de nacer, nos preparamos para vivir nuevas y gratificantes experiencias.

Con la práctica, será más sencillo, el adquirir un nuevo hábito, en donde al momento que surja una falsa creencia, podrás tomar conciencia y cambiarla al momento.

¿No es acaso, nuestra mente y chispa divina, lo suficientemente poderosa para crear nuevas experiencias?

El soltar lo que no corresponde controlar, para dar la oportunidad de que todo fluya con naturalidad; quita de tu espalda el gran peso de pretender que la vida requiere de tu ayuda. La vida misma, es completa, hay que dejarla manifestarse sin estorbar.

Gran transformación es reflejada en todas las áreas de nuestras vidas, cuando obedecemos a la ley de causa y efecto, que nos invita a tomar conciencia y desde ese nivel de conciencia, vivir con plenitud.

Poco a poco, tu verdadero Ser sale de la oscuridad en la que se encontraba, porque descubre que siempre fue luz. Solo requería que se le reconociera para así salir a la superficie y mostrar su grandeza.

Ha sido todo un proceso en mi vida, el tomar conciencia de quién en verdad soy. Hasta el día de hoy, te puedo asegurar que, sigo descubriendo nuevos matices en esta vida llena de colores. He vivido diferentes experiencias, y al voltear atrás, me doy cuenta que, muchos momentos de sufrimiento, no tenían por qué haber durado más tiempo. Una vez te desprendes de la ilusión y del apego, todo sufrimiento se desvanece.

Hoy, no me aferro más a nada. Vivo cada día con la certeza que, si me permito estar presente, seguramente cada día traerá consigo, la semilla de un nuevo fruto. No obstante, hay que darle tiempo al árbol para que dé su fruto, sin sufrir por la prisa de que deseamos tenerlo todo rápidamente. La vida es constante cambio y movimiento, pero no se rige según nuestras expectativas; ella trae su propio ritmo, y toca su propia melodía. A nosotros nos corresponde escucharla y disfrutarla.

Si la vida nos brinda la oportunidad de sonreír, ¿por qué llorar?, ¿acaso estás dispuesto a dejar de sonreír, y en cambio lamentarte, por aquello que deseas y no obtienes aún?

No hay necesidad de ser víctimas del destino. Puedes elegir, soltar lo que no puedes cambiar del pasado, y tomar una nueva hoja en blanco para escribir en ella, tu nueva historia. Una historia, que en la medida que lo permitas, vivirás con pasión, propósito, gozo y paz en tu corazón.

Recuerda que, un diamante se forma ejerciendo una fuerte presión, para así, sacar su brillo y luz. Sin embargo, se requiere tomar el firme compromiso para vivir la transformación.

¿Qué estás dispuesto a hacer a partir de este momento, para dejar salir y expender tu brillo y luz?

Destino o Creadores de Nuestra Realidad

Despiertas un día y te das cuenta que el tiempo ha pasado tan rápido, cada acontecimiento, cada experiencia pareciera una borrosa película en donde algunas imágenes sobresalen más que otras...

¿Puedes recordar cuánto has llorado?

¿Puedes recordar cuánto has reído?

¿En cuántas ocasiones, el amor se ha llevado más que un aliento tuyo?

Imagina entonces, que cada instante es tu oportunidad de crear aquellas experiencias que te roben el aliento. Que tus lágrimas sean en esta ocasión de alegría, y que tan solo vivas en amor, en unidad y presente; solo por hoy presente.

Cuando me han preguntado sobre, ¿qué es aquello que rige nuestra vida?, ¿es el destino o somos creadores de nuestra realidad?

Vienen a mi mente, eventos en los que aparentemente, los he creado por elección. Mientras que existen otros, que son resultado de "algo" de lo que no tenemos control, y que parecen inclusive "caprichos" de la vida misma.

La pregunta, sobre qué era aquello que gobernaba nuestras vidas, me resultaba difícil de comprender. Por un lado, me negaba a creer que fuéramos una especie de títeres sujetos a una fuerza superior a nosotros, sin oportunidad alguna de elegir; viviendo como aquellos personajes de una obra, en la que está previamente escrito el guión y nosotros como buenos títeres, teníamos que movernos según el ritmo que los hilos marcaran.

Por otro lado, podía observar que pese a mis esfuerzos —por tener algo por ejemplo—, las cosas no salían como yo quería; entonces, venía otra vez la misma pregunta: "¿Qué caso tiene esforzarme si al final va a pasar lo que tiene que pasar?"

Bueno, aunque pueda resultar confuso, —así como menciono en el libro *Código Intuitivo*—, en realidad ni lo uno ni lo otro, es lo que gobierna en su totalidad. En sentido figurado, somos como los músicos de una gran orquesta universal, en donde efectivamente el "maestro" tiene su varita, que nos hace tocar a todos al unísono su música. Cada quien usando su propia partitura, de tal forma que, al usar nuestro instrumento o "Don" creamos entre todos, una hermosa melodía universal.

Puedes elegir tocar usando tu instrumento afinado, sin afinar o bien, simplemente no usarlo, esa es tu elección. Por lo tanto, el resultado dependerá de qué tanto deseas ser parte de esta orquesta y vivir la experiencia magna de crear.

En tu poder de ser parte de la melodía universal, podrás vivir intuitivamente conectado a esa fuente de energía y sabiduría en la cual constantemente recordarás el por qué y para qué estás aquí.

¿Cómo sería nuestra vida, al elegir ser parte de esta gran orquesta y creamos entre todos la más bella melodía universal?

"Tu destino es el conjunto de experiencias que tú elegiste vivir."

Si averiguamos, qué es lo que dice cada religión sobre el tema, te podrás dar cuenta que algunos creen en el hecho de la reencarnación y que por lo mismo regresamos a este plano físico una y otra vez, hasta que aprendemos las lecciones que tenemos que superar, con el fin de llevar en nuestra alma, el resultado de esas experiencias; hasta que un día nos fundamos con la energía divina o universal; no sin antes haber pasado por diferentes estadios o niveles de consciencia.

Por otro lado, algunas religiones no creen en la reencarnación y consideran que aquí y ahora es tu oportunidad para poder experimentar, aprender y trascender una vez sea el llamado al juicio final. Sobre el juicio final, ¿será acaso como las religiones nos lo han hecho creer, o existe la posibilidad, de que sea el día del despertar de la humanidad?

Todas estas creencias si las analizamos, tienen su propio fundamento —que puede ser válido—, pero mi punto de vista es que, todo lo recordaremos llegado el momento, el tiempo que Dios así disponga.

¿Por qué digo recordar? Porque el alma lo "sabe" todo. Viene a vivir la experiencia a este plano, y entonces regresará con toda esa nueva información para seguir alimentándose y alimentando a su vez, a la fuente divina, causa y razón de todo lo que *Es y Será*.

No podemos pretender tener todas las respuestas, ni considerar que aquellas que creemos como respuestas, sean absolutas. Una postura humilde y abierta a desaprender para así sintonizarnos con lo absoluto, traerá como resultado, vivir con mayor plenitud y en un frecuente estado de serenidad.

Cocreando con la Divinidad

"Puedes elegir crear desde el ego, o desde el amor, solo una te traerá la paz"

Aquello que es considerado como realidad material, nació en el mundo de lo invisible, en el mundo de la verdad y del amor. Todo conformado de energía e información, en donde el tiempo y el espacio no existen.

La abundancia de la creación, nos brinda la posibilidad de cocrear junto con ella, sintonizándonos en una constante fuente de energía creativa y expansiva. Al tener una nueva visión de uno mismo, se reconoce ese poder.

Desarrollar nuevos hábitos para cocrear, es vital si deseamos ver reflejado en el exterior, las nuevas creaturas que somos. Se trata de contribuir en un universo lleno de múltiples posibilidades; en un universo que hace alcanzable lo que se consideraba lejano de alcanzar.

La ilusión de la separación, hace creer que lo amoroso, abundante y perfecto, es imposible de experimentar. Sin embargo, ante la nueva posición como hijos e hijas de Dios que somos, las puertas del cielo en la tierra se abren ante nosotros.

Los siguientes puntos, serán un apoyo en tu diario vivir. Si lo prefieres, puedes imprimir una copia con la finalidad de que al verlos, adoptes una nueva actitud y empoderamiento:

- Dirige tu mente con sabiduría y pleno uso del discernimiento.

- Cambia tu actitud, por medio de la liberación de la mente engañosa.

- Confía que puedes vencer los aparentes obstáculos.

- Mantén fijo tu nuevo enfoque e intención, en lo que es real y puro.

- Renuncia al deseo de querer poseer algo, y mejor, permítete recibir lo que es tuyo por herencia.

- Cuando pidas, hazlo desde un corazón limpio y libre del ego, con la misma ingenuidad que lo hacen los niños.

- Que al despertar tu primer pensamiento sea de Gratitud, y tu primera pregunta: ¿Cuál es tu voluntad?

- Ante aquello que juzgas como malo o desagradable, pide a Dios, ¡ayúdame a ver las cosas a través de tus ojos y no de los míos!

- ¿Qué es lo que necesito ver, saber o recordar, que me ayudará a modificar mi pensamiento erróneo?

- Mantén viva tu intención de que se cumpla la voluntad Divina.

- Recuerda, no te corresponde salvar al mundo. Sálvate primero tú, para que despiertes del sueño y, entonces ayudes al resto del mundo a recordar lo mismo.

- Evita querer "ver" para creer. En la certeza se encuentra la visión, de lo que es real, verdadero y absoluto.

- Nada hay que crear que no esté hecho en el cielo. Basta con alinearte con la voluntad de lo Supremo para que tu mundo sea el nuevo reflejo de ello.

- Cocrear con la Divinidad, viene por añadidura una vez que despiertas del sueño de la mentira y de aquello que considerabas elemental en tu vida, para experimentar felicidad. Empero, es en la quietud que sabrás el siguiente paso a dar, y es en la paz que me sentirás a Dios.

- Todo está hecho, no hay necesidad de nada, más que recordar.

Planeta Dorado

"No solo de comida se alimenta el hombre, mas del maná que cae del cielo y del sol dorado que le cobija"

"En mi sueño vi, un hermoso árbol que resplandecía con el reflejo del sol dorado. De él caía un polvo dorado que se movía en la faz de la tierra, le llamaban maná… Se escuchaba un viento suave, que era como música que se movía, alrededor de los habitantes del planeta dorado, mientras ellos entonaban el himno por la paz.

Se podía respirar algo que no era solo el aire, pues en él, había chispas doradas que al inhalarlas, se sentía en todo el cuerpo, una energía divina y amorosa. Las aves, volaban por los cielos en libertad, no conocían las jaulas, vivían entre los árboles que les daban cobijo…

Toda la naturaleza, irradiaba luz, y los colores de las flores, eran difíciles de describir, pues mis ojos jamás han visto, tan hermosas tonalidades. Los humanos, interactuaban con los animales, sin que ellos sintieran más miedo por ser cazados… Se dejaban acariciar, inclusive aquellos con grandes colmillos.

Vi en mi sueño, que los humanos no tenían divisiones entre sí, ni fronteras, mucho menos, lucha por el poder; todo era armonía entre ellos. Pude observar, que había seres de luz; —ángeles, arcángeles, maestros ascendidos y ancestros—, por doquier!

En el planeta dorado, había más de un sol. Las lunas y los planetas, se veían resplandecientes, ¡todo era parte de un espectáculo grandioso! No había necesidad de dormir, cada quien elegía su tiempo de descanso, después de haber contribuido en las funciones diarias, según su talento y propósito. No existía el dinero, solo el intercambio; nada le pertenecía a nadie, pues ni sus mismos talentos, ya que estos los usaban para compartir.

Todos los habitantes del planeta, se comunicaban sin palabras; las palabras se usaban para cantos de alabaza y gozo. Su comunicación eran susurros mentales solamente. Las voces de los habitantes se unían todas las noches, para enviar energía de amor a todos los demás planetas del universo.

Los niños, nos deleitaban con sus talentos artísticos, mas nadie competía por llamar la atención; todo era apreciación y gratitud al mismo tiempo.

No había escasez de ningún tipo, no tenían memoria de lo que eso significaba… No había necesidad de sanar, pues tampoco conocían lo que era la enfermedad o la vejez.

Los habitantes del planeta dorado, vivían en constante gozo, ya que todos se encontraban por fin despiertos, después de un periodo de profundo sueño. Solo recordaban una imagen, de haber tenido un día, una pesadilla en la que había entre los humanos, separación, miedo y odio; más al despertar de la ilusión por la que habían considerado su realidad, su corazón se llenó de un gozo, que será por siempre eterno.

En mi sueño, no había más necesidad de buscar a Dios, pues sabían que Dios es omnisciente, omnipresente, y todo poderoso, y que además, vivía en cada uno de los corazones de los habitantes del planeta dorado."

Entonces, me desperté, y sentí dolor en mi corazón al creer que era solo un hermoso sueño… Sentí miedo e impotencia. Al cabo de unos momentos, recordé que seguía soñando, y que llegado el momento despertaría de nuevo, en mi hermoso Planeta Dorado; que no era un sueño, sino nuestra realidad y, ¡sentí de nuevo paz!

El Retorno a la Divinidad

"Y regresé a mi morada, para compartir lo aprendido después haber recordado la única verdad…"

En el aparente vacío mi alma reside como observador, en espera que el "yo" le reconozca, para así recordar que éste que considera su hogar no lo es. Su verdadero hogar se encuentra en otra morada; a la que hay que regresar libre de las mentiras acumuladas, por las experiencias que aún creemos reales y que son solo ilusión.

Tengo deseos de hacer un viaje largo, a un lugar que quizás mi mente ha olvidado, pero que mi corazón extraña. El lugar que te une con el todo, pero que te permite vivir tu individualidad en paz, en armonía y en constante sintonía con el universo.

Todos debemos prepararnos para la ascensión a un plano más elevado. Mientras tanto, en la escuela de la vida, el sendero debe ser recorrido, para que la mente, el cuerpo y el espíritu vibren a un nivel superior. Entonces, la ascensión será natural y espontánea, sin las ataduras del ego que todo distorsiona.

Los que aún decidan ignorar y cerrar los ojos, sin hacer los debidos cambios en su Ser, se convertirán en presos de sus falsas ilusiones. Los guerreros de la Luz, deberán activarse para renovarse y ayudar a otros, que aún desconocen los cambios que están por venir.

Un guerrero de la Luz, siempre está alerta y preparado para la batalla espiritual, guiado en todo momento por el corazón, mas no motivado por generar más violencia.

El guerrero de la Luz, se fortalece con las pruebas de la vida, mas nunca desfallece. Pues reconoce, que su gozo mayor está en la morada, de la cual un día partió.

Nada se pierde, todo se transforma y trasciende. El retorno a nuestro verdadero hogar es la promesa de Dios para con sus hijos. Porque para Dios, nada ha pasado, todo ha sido un pequeño instante.

Lo que llamamos muerte, es como el sueño del cual despertaremos, porque nuestro reino no está en este mundo físico, y el amor real nos aguarda a nuestro regreso. No significa con eso, que estemos condenados a vivir en el mundo físico en la mentira. Todo lo contrario, la invitación es despertar del sueño, y ayudar a otros a hacer lo mismo.

Entregar mientras tanto tus preocupaciones a Dios, te liberará de la carga innecesaria, que te limita para expresar todo tu potencial.

Aceptar la invitación de la Divinidad, para que sea tu cuerpo el templo de su espíritu, es trascender el ego, para regocijarte en la paz que solo en la comunión con Él podemos alcanzar.

El mayor propósito es la felicidad. El milagro, es el amor que está latente en cada uno de nosotros, y lo real que se puede llegar a experimentar a Dios.

Gracias de todo corazón, por haberme regalado tu tiempo al leer este libro. Deseo que tu camino, esté lleno de hermosas experiencias y enseñanzas, para que junto con otras personas, seas una contribución para hacer de este nuestro mundo, un paraíso terrenal.

Si has disfrutado de éste libro, por favor compártelo con los demás. Puedes escribir un comentario sobre lo que te gustó del libro, en la tienda online en donde lo adquiriste. Tu opinión es bien recibida.

Bendiciones!

Liliana Ruiz

Sobre la Autora

A los 29 años una profunda transformación espiritual cambió el rumbo de su vida. En los años siguientes se dedicó a comprender, integrar y profundizar esa transformación que marcó el inicio de un intenso viaje interior. En los últimos diez años se ha dedicado a ser consejero y maestro espiritual y trabaja con personas independientes o grupos pequeños en Europa y Norte América.

Liliana Ruiz actualmente es Autora, Conferencista, Productora, Master Life Coach, Coach de Autores, Ministro, Terapeuta Holística y Facilitadora de Cursos de Superación Personal, Espiritualidad, Amor y Relaciones así como experta en el tema de Intuición.

Sus libros CÓDIGO INTUITIVO, DESCUBRIENDO EL SECRETO DEL AMOR y CONTACTANDO CON LO DIVINO, son producto de sus experiencias y de lo mucho que ha aprendido de las personas con las que ha trabajado y experiencia personal.

CODIGO INTUITIVO alcanzó el primer lugar en diferentes categorías y se encuentra entre los primeros 15 lugares como Best Seller.

Productora y autora de Cd´s de Visualizaciones Guiadas, "Contactando con Lo Divino" y "Descubriendo el Secreto del Amor";

alcanzando en su primera semana los primeros lugares como Top Seller en su categoría ¨New Age¨ en AMAZON.

Su experiencia e interés por ayudar a los demás ha traído como resultado una gran lista de seguidores y testimonios de personas que han logrado alcanzar sus sueños.

Algunos de los Temas de sus Cursos:

-"Contactando con lo Divino" Ángeles, Arcángeles, Espíritus Guías, y tu Yo Superior

-"Código Intuitivo Una Guía Práctica para Desarrollar tu Intuición Desde el Primer Día

-"Más Allá del Umbral de Luz" Cómo Superar el Duelo por la Pérdida de un Ser Querido

-"Método Prosperidad Consciente" Cómo Atraer Riqueza y Prosperidad desde el Primer Día

-"Niños de Luz" Cómo ayudar a tu hijo a Conocer a sus Ángeles y Arcángeles

-"Descubriendo el Secreto del Amor" Cómo Atraer y Vivir un Amor Real

Ha participado en Radio y Televisión, Expos, Conferencias, Seminarios, y apoyando a Fundaciones compartiendo su experiencia y contribuyendo al despertar de la Conciencia.

www.ContactandoconloDivino.com

Para preguntas, conferencias, cursos y nuevos eventos escribe a: Contacto@LilianaRuiz.com

Otros títulos para tu colección

E-Book CONTACTANDO CON LO DIVINO

E-Book y Libro CODIGO INTUITIVO

Mp3 Descargable Meditaciones Guiadas DESCUBRIENDO EL SECRETO DEL AMOR

Mp3 Descargable Meditaciones Guiadas CONTACTANDO CON LO DIVINO

E-Book y Libro CODIGO INTUITIVO

MP3 Descargable Meditaciones Guiadas

Contactando con lo Divino

Mp3 Descargable Meditaciones Guiadas

Descubriendo el Secreto del Amor

PRÓXIMAMENTE NUEVOS TITULOS DE LIBROS

Descubriendo el Secreto del Amor

Porque Soy Mujer… Una forma conciente de vivir.

Más Allá del Umbral de Luz… Nuestros seres queridos que ya partieron.

Descubre el Autor que Llevas Dentro y Publica tu Libro

Serie de Cuentos Infantiles para el Despertar de la Conciencia

Suscríbete a su página www.LilianaRuiz.com y recibe sorpresas, descuentos y novedades.

www.LRPublishingHouse.com

www.ingramcontent.com/pod-product-compliance
Lightning Source LLC
Chambersburg PA
CBHW071649090426
42738CB00009B/1464